KB152032

노무현의 비서관들이 말하는 청와대 이야기

대통령 없이 일하기

대통령 없이 일하기

−노무현의 비서관들이 말하는 청와대 이야기

초판 1쇄 펴낸 날 / 2017년 4월 12일

지은이 • 김은경 노혜경 외 지음 | 펴낸이 • 임형욱 | 디자인 • 예민 | 영업 • 이다윗 |
펴낸곳 • 행복한책읽기 | 주소 • 서울시 종로구 명륜4길 5-2, 403호
전화 • 02-2277-9216,7 | 팩스 • 02-2277-8283 | E-mail • happysf@naver.com
인쇄 제본 • 동양인쇄주식회사 | 배본처 • 뱅크북(031-977-5953)
등록 • 2001년 2월 5일 제300-2014-27호 | ISBN 978-89-89571-97-1 03340   값 • 14,000원

그러나 사실은
대통령이 진짜로
필요했던 이야기…

노무현의 비서관들이 말하는 청와대 이야기

대통령 없이 일하기

김은경 노혜경 민기영 선미라
이숙진 정영애 조현옥
지음

행복한책읽기

참여정부여서 가능했던 대통령 없이 일하기
— 그러나 사실은 대통령이 진짜로 필요했던 이야기…

참여정부 시절의 청와대에 대한 책을 내보면 어떻겠냐는 연락을 받은 것은 2016년 늦여름이었다. 당시는 이화여대 학사분규로 한창 시끄러운 때다. 언론을 통해 언뜻 언뜻 정유라, 정윤회, 최순실 등의 이름이 오르내리고, 문서유출, 미르재단, 문고리권력, 문화계 블랙리스트 등의 단어들도 종종 신문지상에 실리기도 하던 때였다. 뭔가 심증은 있으나 결정적인 스모킹건이 없던 시기였다.

그동안 행복한책읽기에서는 노무현 대통령의 저서들(『노무현의 리더십 이야기』와 『노무현, 상식 혹은 희망』)을 출간하기도 했고, 한명숙 총리의 자서전(『한명숙 —부드러운 열정, 세상을 바꾸다』) 등 참여정부 인사들의 책을 출간하기도 했다. 또한 행복한책읽기의 필자들 중 많은 분들이 참여정부의 각료나 비서관, 국회의원 등으로 참여한 덕에 참여정부 시절의 청와대에 대해선 나름 귀동냥으로 이래 저래 들은 바가 있었다.

그런데 내가 알고 있는 청와대와 박근혜의 청와대는 너무 다른 모습이라, 이상하다는 생각을 하고 있던 차에 때마침 들어온 출간 제안에 대해 나는 흔쾌하게 출간을 동의했다.

이후, 2016년 9월부터 매달 1차례씩, 가끔은 2차례씩 전체 필자들이 모여 책의 방향과 콘셉트를 정하고, 각 필자별로 원고 꼭지를 정하며 조금씩 원고들을 완성해갔다. 처음에는 '비주류가 바라본 비주류 대통령' '여성 비서관이 바라본 참여정부의 청와대 이야기' 등등의 이야기들이 나왔으나, 점차 '비주류'나 '여성'이라는 단어를 떼고, '청와대 일기' '시스템의 정치' 등의 이야기들이 나오기 시작했다.

2016년 10월말 JTBC가 최순실의 태블릿PC라는 스모킹건으로 터뜨려준 박근혜 최순실 게이트가 본격적으로 시작되었다. 광화문광장에선 촛불들이 타오르고, 촛불의 힘은 박근혜 탄핵을 향해 나아가고 있었다. 처음에는 비주류인 여성 비서관들이 바라본 참여정부에 대한 이야기를 하려고 했으나, 이제는 비주류와 주류의 문제가 아닌, 상식과 비상식의 문제, 시스템과 비시스템의 문제로 인식되기 시작하며, 책의 방향성도 조금씩 달라져 갔다.

결국, 여러 차례의 모임과 난상토론을 거쳐 책의 제목이 『대통령 없이 일하기』로 결정되었다. 참여정부에서는 대통령이 없어도 일할 수 있는 '시스템의 정치'를 꿈꾸었으나, 박근혜정부에서는 대통령이 없으면 아무 것도 안되고, 대통령이 모든 것에 간섭하고 모든 것을 지시하는, 그러나 세월호 7시간 같은 정작 중요한 일에는 대통령이 아무 것도 지시하지 않는 황당한 현실에 대한 반영이었다.

그러나 필자들과의 인터뷰나 실제 필자들의 집필에 들어가면서부터는, '대통령 없이 일하기'가 그렇게 만만한 일은 아니었다는 고백들이 잇따랐다. "대통령님 없어도 우리끼리 잘 할 수 있으니 대통령님은 월권하지 마세요"라고 대통령과 계급장 떼고 맞장 뜬 비서관이 있었던가 하면, "대통령이 없으니 되는 일도 없고 안되는 일도 없더라"는 비서관도 있었다. "누군가는 대통령 없이 잘 일할 수 있었는지 모르겠으나 우리는 대통령 없이 일하기는 너무너무 힘들더라"는 고백도 있었다.

이런 모든 이야기들이 이 책 안에 담겨 있다. 결국 『대통령 없이 일하기』는 대통령이 없어도 일할 수 있는, '시스템의 정치'를 추구했던 참여정부 대통령비서실의 이야기이자, 대통령 없이 일해 보려 했으나 결국은 대통령 없이는 안되는 일도 너무 많더라는, 대통령 없는 시스템의 한계에 대한 고백이기도 하다.

이렇게, 대통령 없이 일하기를 꿈꾸었으나, 결국은 진짜로 대통령이 필요한 때를 맞닥뜨리게 된 내용을 담은 참여정부의 대통령비서실 이야기 『대통령 없이 일하기』는 박근혜 전 대통령의 탄핵 후, 우리 헌정사상 초유의 '대통령 없는' 시기에 출간하게 되었다. 『대통령 없이 일하기』가 진짜로 대통령이 없는, 대통령 부재의 시대에 출간되는 것은 어찌 보면 기막힌 우연이고, 어찌 보면 하늘의 도우심이다. '우리 시대에 과연 대통령이란 무엇인가'에 대해 우리 모두에게 화두를 던져주고 있기 때문이다.

8개월 가까운 작업을 마무리하며 편집자로서는 아쉬운 점도 많다.

여러 차례 고치고, 교정 교열까지 마무리되었으나 출간 직전, 필자 본인의 요청에 따라 이은희 제2부속실장의 글이 빠지게 된 것은 정말 안타까운 일이다. 지금까지 거의 알려지지 않았던 참여정부 제2부속실, 즉 권양숙 여사에 관계된 미공개 일화들이 많이 들어 있었으나 세상에 빛을 보지 못하게 되었다. 이 이야기들은 나중에 다른 모습으로라도 세상에 공개될 수 있기를 편집자로서 학수고대한다.

그리고 득인지 독인지는 모르겠으나 책이 출간되는 시기가 때마침 장미대선 정국이라, 그동안 필자들과의 인터뷰, 그리고 초고 등에 실렸던 참여정부의 숨은 이야기들 상당 부분이 최종 출간본에서는 빠지게 된 것도 안타까운 일이다. 정보보호법이나 명예훼손 등에 해당되는 사안만 아니면 책에 수록한다는 원칙을 세웠었으나, 대통령 선거 국면에 혹시라도 누군가에게 누가 되거나 또 다른 누군가에게는 빌미가 될까 걱정스러운 마음에 결국 많은 원고들을 들어내고 다시 쓰기를 거듭했다. 어쨌거나 다시 민주정부가 들어서고, 이 땅에 민주주의가 제대로 뿌리내리고 열매 맺는 데 이 책이 꼬투리 잡히는 일이 없어야 한다는 것에는 모든 필자가 동의했다.

심지어, 이 책의 출간을 대통령 선거 이후로 미루자는 주장도 있었으나, 그것만은 절대 동의할 수 없다는 편집자의 강력한 주장에 따라 『대통령 없이 일하기』는 대통령이 없어도 대한민국은 민주주의를 향해 한 걸음 더 앞으로 나아가고 있는, '대통령 없는' 시기에 출간할 수 있게 되었다.

오랜 준비 끝에 드디어 한 권의 책을 이땅에 선보일 수 있게 애써주신 모든 필자분들께 감사드린다.

—임형욱(시인, 행복한책읽기 대표)

정치와 여성, 그 어울리는 조합을 위하여

이 책을 쓰는 우리는 참여정부라는 같은 시기 정권의 정점인 대통령비서실에서 일했던 사람들이다. 분야도 다르고 걸어온 길도 다르지만, '여성'이라는 가장 큰 정체성을 공유하고 있다. 그 특정한 시기, 특별한 공간에서 '여성'은 단지 생물학적 분류만은 아니다. 상황을 인식하고 대응하는 주체인 여성, 조직구성원이자 객체인 여성, 정서적 공감대를 지닌 젠더적 여성, 끝끝내 주류가 될 수 없었던 비주류인 여성….

이런 우리가 참여정부 대통령비서실에서의 경험을 써본다면 어떨까?

참여정부가 지나가버린 지도 꽤 많은 시간이 흘렀다. 그런데도 이런 생각을 하는 것은 지금까지 나온 대통령비서실 이야기들이 왠지 허전했기 때문이다. 사실이 아니라고 할 수는 없지만, 그게 다라고 하기도 어려운, 뭔가가 빠진 것 같기도 하고, 살짝 핀트가 어긋난 것 같기도 한 느낌을 지울 수 없다. 정부에도 그렇고 청와대에도, 다양한 주체들이 저마다의 포부를 지니고 참여하여 성공과 좌절을 경험했다. 그 모든 경험들은 하나 하나 분명 특별한 데가 있다. 하지만 그 어떤 정부에 대한 이야기도 그러했듯이 참여정부에 대해서도 몇 개의 큰 퍼즐만으로 전체를 구성하고 나머지 작은 조각들은 과거 속으로 묻혀버릴 것 같았다. 어떤 정부보다도 많은 여성들이 참여했던 이 특별한 시기에 바로 그 여성들의 경험은 이야기된 적조차 거의 없다. 그 시기, 그 공간 전체를 그리는 데 우리만 볼 수 있고 그려낼 수 있는 퍼즐 조각도 있지 않을까, 아니 그것이 있어야 전체가 현실적으로 완성되는 것은 아닐까….

오랫동안 우리는 그 시절 우리가 했던 일에 대한 이야기를 하지 않았다. 저마다 가슴에 쌓인 응어리를 삭이는 데 시간이 필요했던 것 같다. 기념일에 봉하를 함께 내려가거나 번개모임으로 일상사를 나누는 일이 다였다. 그렇게 함께 시간을 보내며 우리는 우리 마음속에 공통적인 좌절감이 있었음을 깨달았다. 대부분의 여성 비서관들은 여성이라서 비주류였기도 했지만, 맡은 업무 자체가 비주류 정책이기도 했다. 해외언론, 국정홍보, 업무혁신은 새로운 영역이지만 대통령의 철학과 관심사가 반영된 분야로 힘을 받았다. 하지만 균형인사,

민원제안, 지속가능, 차별시정 등의 업무는 주류 정책들과 부딪히면서 영역을 구축해가야 했던 분야이다. 조금만 방심해도 발딛고 선 자리마저 빼앗고 싶어하는 상황이었다.

그러나 모든 비주류들도 존재해야 하는 이유가 있다. 변화, 혁신, 새로운 사회는 모두 비주류가 주류가 되는 것과 다름 아니다. 그런 의미에서 우리의 일은 비주류가 사라지지 않을 수 있는, 당당히 자기 위치를 확보할 수 있는 시스템을 만드는 것이었다.

그러나 실제로는, 아직은 주류가 아니었던 우리는 중요한 고비마다 장애에 부딪혔다. 그리고 그때마다 대통령의 지원과 개입이 있어야만 했다. 결국 대통령 없이도 일할 수 있는 시스템을 꿈꾸었지만, 대통령 없이는 한 발자국 내딛기도 어려웠다. 우리들의 꿈은 대통령의 미래에 대한 철학과 비전을 통해서만 가능했던 셈이다. 이 공통인식이 우리가 책을 쓰는 가장 근본적인 바탕이 되었다.

또 다른 이유는 좀 더 우리들의 개인적인 것이다. 각자의 삶에서 가장 치열했던 한 시기를 제대로 정리해야 할 필요성이 우리 모두에게 있다. 참여정부에 대한 최근의 호의적인 평가에 참여정부에서 일했던 사람들은 오히려 어리둥절하다. 당시 참여정부에 대한 비판은 보수정당에 그치지 않고 같은 정당에서도 심각한 수준이었고, 대체로 우리들의 출신 배경이었던 진보적인 시민사회에서도 다르지 않았다. 동문회 같은 일반적인 모임에서조차 참여정부, 노무현 대통령에 대한 비아냥은 참기 어려운 수준이어서, 거의 모든 모임을 피하는 대인기피증이 생길 정도였다. 그런 상황에서 아이러니하게도 여성 비서관들이 담당했던 업무들은 대체로 참여정부 내에서조차 비주류였다. 주류 정책들과 또는 주류인 남성 비서관들과 끊임없이 부딪혀야 하는 상황이어서, 대통령비서실 내에서 좋은 소리를 듣기 어려웠다. 그야말로 사면초가였다. 그런 상황에서 시간이 흐르며 우리의 정체성은 상처투성이가 되었다. 각자의 삶에서 가장 활동적으로, 가장 치열하게 살았던 그 시기는 우리 각자에게 무엇이었을까? 무엇을 위한 것이었을까? 그 모든 비난을 감수할 만한 의미가 있는 일이었을까? 말하자면 그 시기를 쓴다는 일은, 권력이 작동하는 핵심에 뛰어들 때 스스로 이해했던 자신의 정체성을 다시 확인하는 일, 우리가 실패만 한 것은 아니었다는 자기 위로, '해원'의 의미라고나 할까….

모든 장르적 상상력을 넘어서는 오늘의 정치현실은 우리 이야기를 정리해야 할 또 하나의 이유이다. 다양한 분야를 다루고 있었지만 우리들 사이에 여성이 정치에 혹은 정책 의사결정에 영향을 미칠 수 있는 위치에 더 많이 참여해야 한다는 데에 이견은 없었다. 그러나 정작 최고 지도자가 여성인 시대에 우리가 이견 없이 동의했던 명제는 덫이 된 느낌이다. 무수한 비난과 눈물 속에서도 자부심으로 남았던 대통령비서실은 질 낮은 정치 코미디를 넘어 범죄의 현장이 되고 있다. 대단하게 평가 받지도 못했던 우리들의 고군분투가 역설적으로, 그 곳이 원래 어떤 곳이었어야 하는지를 보여줄 수 있지 않을까? 정치를 꿈꾸는 젊은 여성들에게, 그곳이 쉽지 않지만 그래도 여전히 도전해볼 만한 의미가 있는 곳이라는 메시지를 줄 수 있지 않을까? 저마다 다른 경험과 다른 갈등 속에서 다른 성공과 실패를 경험한 우리의 다양성 또한, 후배들에게 펼쳐 보여줄 수 있는 여성의 다양한 진로가 아닐까? 청와대라는 곳도 아주 개성적이고 주체적인 여성들이 일할 만한 곳이라고 말해줄 수 있지 않을까?

이 글의 목적은 정책의 관점에서 객관적인 평가를 하는 것이 아니다. 대통령비서실이라는 조직의 주어진 권한과 제약 안에서, 좌충우돌할 수밖에 없었던 여성들이 어떤 생각을 가지고 문제를 보고 어떻게 문제에 부딪쳤는가를 중심에 두고자 했다. 더러는 그 노력이 성공했고, 더러는 실패하기도 했지만, 결과가 아니라 그 과정에서 우리가 생각하고 겪었던 일들을 담아보려 했다.

다음 정부는 여성들이 좀 더 많이 참여하고, 좀 덜 어렵게, 더 많은 성과를 거둘 수 있기를 기대하면서….

차례

15

더불어 함께 사는 세상을
꿈꾸었던 참여정부

정영애

더불어 함께 사는 세상을
꿈꾸었던 참여정부

정영애 _ 참여정부 인사수석

I. 봄

참여정부가 마무리된 지 이미 9년이 지났다. 이후 보수정부가 10년 가까이 집권하는 동안 참여정부에서 추진하던 많은 일들이 정체되거나 중단되었다. 특히 내가 일했던 여성 분야나 인사 분야의 경우 상당 부분 퇴행적 상황으로 바뀌었다.

최근 들어 시국이 점점 더 엄중해지고 변화에 대한 기대가 높아지면서, 참여정부에서 추진했던 많은 일들이 재평가되고 있다. 물론 그 가운데에 노 대통령에 대한 그리움도 큰 자리를 차지한다. 참여정부의 정책과 노 대통령에 대한 많은 출판물들이 쏟아져 나왔고, 온라인상에서도 과거의 동영상들이 계속 조회 수를 경신하고 있다.

이런 상황에서 여성, 인사와 관련된 나의 참여정부 경험을 기록한다는 것이 어떤 의미가 있을지 많이 고민이 되었다. 대통령과의 특별한 인연이 있는 것도, 대통령에 대한 일화가 많은 부서에서 일한 것도 아니고, 특히 내가 했던 업무의 주 대상인 비주류집단에 대한 사회적 관심도 여전히 높지 않은데, 이에 관한 기록이 얼마나 흥미를 끌 수 있을지도 염려가 되었다. 또 대부분 기록이라는 것은 글 쓰는 이에게 우호적으로 작성되는 경우가 많고, 반대로 독자들은 이런 주관적 기록의 빈틈을 놓치지 않기 때문에 종종 논란으로 이어지기도 한다.

그럼에도 불구하고, 이 글을 쓰기로 한 것은 참여정부가 이루었던 성과와 실패, 그리고 남은 과제들을 정리함으로써 그리고 정책이 만들어지고 집행되는 과정을 소개함으로써, 비슷한 길을 걷게 될 그 누군가의 시행착오를 줄이는 데 조금이나마 도움이 되지 않을까 하는 기대 때문이다. 참여정부의 상당 기간을 함께 했던 사람으로서의 작은 의무감도 조금은 작용하였고….

참여정부와의 첫 인연

내가 참여정부에서 일했던 것은 세 기간이다. 첫 번째는 노 대통령이 당선되고 취임하기까지의 대통령직 인수위원회 기간이다. 대통령은 인수위원 임명장을 받을 때 처음 대면하였다. 원래 VIP와 대면할 경우 일정 정도 거리를 유지하도록, 서야 할 위치 바닥에 조그맣게 테이프를 붙여놓는다. 대부분 상대방과의 거리는 그의 권위와 비례하므로, 지위가 높을수록 두 사람 사이의 거리는 멀어지게 된다. 테이프 표시 위에 섰더니 임명장 주기에는 너무 멀다고 웃으면서 가까이 오라고 한 것이 대통령과의 첫 만남에 대한 기억이다. 권위보다는 상대를 배려하는 따뜻하고 실용적인 대통령의 모습은 지금까지도, 그리고 많은 사람들의 마음속에서 일관되게 이어지고 있다.

대통령 당선자는 인수위원들에게 새 정부의 성격과 주요 목표 및 방향을 설정하는 일, 그리고 5년 동안의 정책 과제, 추진 전략, 비전을 만드는 데 초점을 맞추어 일해 달라고 하였다. 당시 인수위원회는 참여하는 사람이나 지켜보는 사람이나 모두 새로운 시대적 변화를 기대하는 활기차고 희망에 가득 찬, 또 긴장된 장이었다. 인수위원들이 일하는 아래층에 위치한 기자실은 어찌나 담배를 많이 피워대던지 그 층 전체에 연기가 자욱했다. 때로는 새로운 소식을 듣기 위해 기자들이 화장실 앞에까지 진을 치고 있기도 했다.

인수위원회는 모두 6개 분과로 구성되었는데 경제 영역은 경제 1분과, 2분과에서 여덟 명의 인수위원이 담당하게 된 반면, 내가 속한 사회문화여성분과는 네 명의 인수위원이 교육, 보건복지, 노동, 환

경, 문화관광, 청소년, 여성 분야를 모두 다루어야 해서 상대적으로
미진한 부분이 많았다.

여성정책 의제화를 위한 보이지 않는 투쟁

인수위원회 기간 동안 모든 인수위원회 참여자들은 자신의 정책
과제가 중요한 비중으로, 우선 순위에 들어가기를 바라는 암묵적 경
쟁을 해야 했고, 또 인수위원회 외부의 다양한 이해관계자들이 새 정
부에 거는 기대도 함께 조정해야 했다. 따라서 '양성평등' (당시에는
'성평등' 보다 이 용어를 쓰는 것이 일반적이었다) 의제를 국정목표
나 과제에 포함시키려는 일은 많은 한계에 부딪칠 수밖에 없었다. 여
성 정책을 뒷받침하는 당시 여성부의 인적, 물적 기반이 취약한 것도
여성 이슈를 과감하게 밀고 나가는 데 장애가 되었고, 특히 호주제 폐
지 이슈는 당시 주관 부처인 법무부의 반대도 컸다. 어쨌든 인수위원
회가 마무리 될 때 '국민통합과 양성평등의 구현' 그리고 '참여복지
와 삶의 질 향상' 두 과제가 12대 국정과제에 포함되고 관련 TF 팀도
구성되어, '양성평등' '여성참여' '보육' 등의 정책을 새 정부에서
중요하게 추진할 수 있게 되었다.

인수위원회에서 구성된 국정과제 TF 팀은 정부 출범 후 국정과제
위원회로 전환되었다. 그러나 시간이 지나면서 여성관련 과제를 추

진하기 위한 국정과제 위원회의 명칭이나 업무내용은 서서히 변화되었다. 예를 들어, '국민통합과 양성평등 구현' TF 팀은 '빈부격차·차별시정위원회'로 변경되었고 위원장에 경제 전문가가 임용되었다. 당연히 양성평등 과제들의 비중은 점차 줄어들고, 대신 '국민통합' '부동산' '빈곤해결'과 같은 과제들이 그 자리를 차지하게 되었다.

인수위원회는 과연 무용한가?

우리 다음 정부의 한 인사는 인수위원회란 대통령이 당선된 후 항상 난리법석만 피우는 곳이고 백해무익하다고 하였다. 그 이유는 인수위원회에 있던 사람 중 일부만이 내각이나 청와대로 들어가기 때문에 인수위원회에서 만든 안은 인수위원회가 끝나면 어디론가 사라지기 때문이라는 것이다. 참여정부에서는 인수위원회에서 정한 국정목표나 국정과제를 5년 내내 중요한 화두로 놓치지 않기 위해 국정과제위원회도 구성하고 관리과제로 챙기기도 하였다. 그래서 인수위원회가 이전 정부로부터 실무적인 인수만 해야 한다는 위 인사의 주장에 동의하기는 어렵다.

하지만 특정 과제를 공식적으로 의제화하고 업무를 추진할 조직이 마련되어도, 전문성과 애정을 가지고 그 업무를 열정적으로 추진

할 사람을 배치하거나 추진과정이나 내용을 지속적으로 점검하는 시스템이 마련되지 못할 경우, 인수위원회에서 마련된 과제들은 앞에서 소개한 예처럼 다른 과제에 흡수되거나 용두사미가 될 수도 있다. 후에 국민통합과 양성평등 구현 TF의 명칭과 업무가 변화된 과정을 관계자들에게 질문한 인터뷰 내용을 읽었는데, 막상 그들은 이러한 사실이 있었는지조차 알지 못하고 있었다. 정책을 만들었던 사람으로서는 기억할 의미조차 없는 사라짐의 과정이 너무 허망하였다.

또 한 가지 아쉬운 점은 여성정책 조정기구 설치가 무산된 점이다. 인수위원회 기간 동안 마련된 참여정부의 여성정책 목표와 과제들은 상당 부분이 여성부의 소관이 아니며, 노동부, 법무부, 보건복지부, 교육부, 농림부, 과학기술부, 국방부, 기획예산처 등 거의 전 부처에 걸쳐 있다. 그렇다고 다른 부처들이 성인지적 관점을 가지고 관련 여성정책을 주도적으로 수행할 것으로 기대하기도 어렵다. 따라서 여성관련 정책들을 전체적으로 조정하고, 또 국가의 정책 전반에 성인지적 관점이 반영될 수 있도록 이를 총괄할 조직을 설치하는 일이 매우 중요하였다. 대통령 당선자도 이를 인정하며 여러 차례 여성정책조정기구 설치를 약속하였으나, 인수위원회가 마무리될 때까지 구성되지 못하였다. 기구 설치가 유보된 것은 인수위원회 내에서 여성정책조정기구 설치의 중요성을 제대로 설득하지 못한 탓도 있지만, 중요성을 판단하는 권력에 미치지 못한 것도 한 원인이 되었을 것이다.

실제로 저출산 고령화에 따른 노동인구 감소, 노인문제, 비정규직 문제, 양극화 등 우리 사회의 중요한 사회적 이슈 대부분이 여성문제를 고려하지 않고 해결될 수 없으며, 지속가능한 발전을 이루기도 어렵다. 선진사회들에서 성평등 정책을 추진함으로써 나타나는 출산율 향상, GDP 증가, 행복도 향상, 양극화 감소 등 많은 실증적 통계들이 이를 증명하고 있다. 참여정부 이후 여러 차례 정부조직의 변화가 있었지만, 여성정책 추진체계는 여성부에서 여성가족부로, 또 보육이나 청소년 업무를 담당하느냐 아니냐 정도 외에 크게 달라지지 않았다. 다음 정부에서라도 여성정책의 효과적 추진을 위해 현 여성정책 전담부서의 기능과 역할을 강화하는 동시에, 전 영역의 성주류화를 추진하기 위한 조직이나 기구를 설치하는 방안이 함께 적극적으로 논의되기 바란다.

인수위원회를 마무리하면서 함께 일한 사람들이 모두 대통령 당선자와 사진을 찍었다. 며칠 후 어찌된 일인지 내 사진을 포함하여 몇 명의 사진이 잘못되었다고 다시 찍으라는 연락을 받았다. 정치인 후보들에게 당선자와 단 둘이서 찍은 사진은 매우 요긴하게 활용될 터이지만, 나는 그럴 계획도 없어서 다시 찍지 않았다. 그때 당선자는 허리가 안 좋아서 한복을 입고 사진을 찍었는데, 이제 생각하니 귀한 기회를 놓쳐버렸다.

II. 여름

함께 가야 길게 갈 수 있고, 승리할 수 있습니다

새 정부가 시작되고 9개월 정도 지난 후 참여정부와의 두 번째 인연이 시작되었다. 대통령의 인사업무를 담당하던 인사보좌관실을 인사수석실로 확대개편하면서 균형인사비서관으로 일하게 된 것이다. 참여정부 인사에 대한 여러 기록들을 보면 많은 이들에게 균형인사비서관실의 신설은 매우 뜻밖이었던 듯하다. 그러나 대통령은 이미 후보 시절에서부터 소외된 집단에 대한 배려와 균형이 중요하다는 점을 여러 번 언급하였고, 정부 출범 직후에 열린 참여정부 국정토론회에서도 인사업무와 관련하여 "앞으로 여성 관리직 비율을 어떻게 늘려 나갈 것인가, 장애인을 어떻게 더 많이 채용할 것인가, 이공계와 기술직 우대문제, 인재 지역할당제 등을 어떻게 해 나갈 것인가 하는 문제 등이 남아 있습니다"라고 강조하였다.

균형인사비서관실이 업무를 시작한 이후에도 대통령은 여러 차례 균형인사의 중요성을 강조하였다. 2004년 7월 중앙인사위원회의 업무보고에 대해 "앞으로 지역, 성별, 학력, 전공별 차이를 감안한 할당제, 목표제가 점차 도입될수록 저항이 심해질 것이나… 이를 대세로 받아들이고 적극 홍보해야 할 것이며…, 나아가 균형인사정책이 오히려 시장경제원칙에 더 부합될 수 있다는 사례를 찾고, 성장과 분배의 동반 발전을 위한 이론 구성의 노력을 해야 할 것"이라고 지시하였다.

대통령은 균형인사 대상 중에서도 여성에 대해서 가장 많은 지원을 해 주었다. 대통령이 과거에 쓴 자서전을 보면 젊은 시절에는 상당히 가부장적이었던 것 같다. 특별히 페미니스트가 될 기회도 없었을 것이다. 그러나 대통령은 기본적으로 인권의식이나 타인에 대한 공감능력이 뛰어난 사람이었으므로 비주류집단의 하나인 여성에 대해서도 특별한 관심을 보였던 것으로 여겨진다.

2003년 7월 제8회 여성주간 기념식 연설에서는 " '국민통합과 양성평등 구현' 은 참여정부가 중점적으로 추진하고 있는 국정과제입니다…. 무엇보다 중요한 것은 우리 사회 전반에 양성평등을 사회적인 가치와 문화로 정착시켜 나가는 노력입니다. 여성에 대한 뿌리 깊은 편견과 차별의 풍토가 아직도 여성의 사회진출을 가로막는, 보이지 않는 진입장벽으로 남아 있기 때문입니다"라고 성평등정책의 중요성을 강조하였다. 2003년 6월 관리직 여성공무원과의 오찬에서는

"이틀 전 정책기획위원회 회의에 여성 위원 숫자가 적은 이유가 적절한 여성위원을 찾기 어려워서라고 정책실장이 보고하였는데… 기존 관념을 바꿔 위원회 참여를 실무적인 선으로 확대하는 것을 강구해 봐야겠습니다"라고 위원회 참여기준을 재검토할 것을 제안하기도 하였다. 2004년 1월 여성계 신년 인사회에서는 "보육 확대와 여성들의 사회진출을 확대하기 위한 일자리 창출 등을 확실히 챙기겠다"면서 "여성인재 데이터베이스를 잘 구축해 남녀가 함께 할 수 있는 자리라면 여성을 먼저 써보자는 안을 검토하겠다"고 밝혔다.

실제로 대통령은 적정한 자격을 갖춘 여성이 있으면 국무총리나 법무부장관, 대법관, 법제처장, 식품의약품안전청장, 국립중앙박물관장, 금융통화위원 등 그동안 여성이 임용되지 않았던 자리에도 아무런 편견 없이 임용하였고, 오히려 "불균형 시정을 위한 특혜는 위헌이 아니다"라며 여성의 임용을 적극 지원하였다.

한번은 여성 공무원의 육아휴직기간을 승진 소요 최저연수 및 경력 평정기간에 포함시킬 것인지, 포함시킨다면 어느 수준으로 할 것인지를 정하기 위한 공무원임용령 개정 회의(정부혁신위원회 국정과제보고회, 2004년 2월)가 열렸다. 해당 부서에서 올라온 안은 1안은 '휴직기간으로 인정하지 않는다'이고, 2안은 '50%를 인정한다'였다. 마침 내 옆 자리에 앉아있던 해당 국정과제위원회 사무국장이

"육아휴직경력을 인정해 주면 다른 청원휴직과 비교하여 형평성이 맞지 않고, 남성 공무원을 역차별하는 것이므로 인정하지 말아야 한다"고 하기에(이 국장은 나중에 여성부의 차관이 되었다) 좋은 결과가 나오지 않을까봐 걱정이 되었다. 다행히 회의가 끝날 무렵 50% 인정 안으로 의견이 모아지고 있었는데, 회의를 주재하던 대통령이 "이왕 인정하는 거 100% 다 인정합시다"라고 하여 회의에 참석한 모두의 기대를 넘어서는 결정이 이루어졌다.

이처럼 대부분의 경우 대통령이 가장 앞장서 나갔다. 한 행사에서 대통령은 "우리가 달리기를 할 때 앞에 선 선수들만 잘 달린다면 잠깐은 다른 팀을 이길 수 있겠지만, 뒤처지는 사람들을 돌보면서 함께 가야 길게 갈 수 있고, 결과적으로 승리할 수 있다"고 이야기하였다. 성공이란 단지 소수의 양적 성장을 의미하는 것이 아니라, 더불어 함께 가는 배려 위에서 이루어지는 것이라는 대통령의 주장은 해당 업무를 하는 사람들에게 일에 대한 긍지와 열정을 더 높여주었다.

왜 이공계가 균형인사 대상인가요?

균형인사비서관실의 업무는 여성 뿐 아니라 장애인, 이공계, 지역 출신 등 공직 인사에서 소외받기 쉬운 모든 집단에서 우수 인재를 발굴하고, 정부 부처나 각 위원회에 이들의 참여를 독려하고 불평등을 개선하는 것이었다. 민주주의의 발전 과정은 새로운 정치적 행위자가 정치적 과정에 참여할 수 있도록 개방성과 유동성을 확대하는 과정이다. 그런 점에서 균형인사를 통한 비주류 집단의 정치적·사회적 참여 확대는 우리 사회 민주화와 사회 발전의 중요한 수단이자 지표가 될 것이다. 다양한 배경을 가진 인재들이 정부 요소요소에 배치되면 조직 구성원들이 더욱 다양해지고 그만큼 관료제의 대표성도 높아지게 된다. 따라서 균형인사는 차별시정과 사회의 다양성 확보라는 측면에서 진정한 민주주의에 한걸음 다가서는 중요한 인사원리이다.

균형인사비서관실에서는 균형인사라는 새로운 제도를 정착시키기 위해 공무원의 임용, 복무, 평가제도들에 대해 점검하고, 법령이나 지침 개선을 통해 육아휴직 공무원의 대체인력 확보방안 마련, 육아기 근로시간 단축제도 신설, 공공분야 채용 시 학력란 폐지, 지역인재 채용목표제, 기관장 평가에 균형인사항목 포함 등과 같이 여러 제도들을 개선하거나 새로 마련하였다.

지역별 인사균형을 맞추는 일도 균형인사비서관실의 중요한 일이었다. 문제는 지역인재가 누구인가 하는 것이었다. 흔히 지역인재란 현재 지역에서 일하고 있는 인재를 의미하기보다는, 본적지나 출신지 등이 서울이 아닌 경우 특정 지역인재로 간주하였다. 하지만 부모의 직업 때문에 초등학교, 중학교, 고등학교의 소재지가 다르면, 이 사람을 어느 지역 인재로 분류해야 할지 애매한 경우도 있고, 결혼한 여성들은 대부분 본적지(당시는 호주제 폐지 이전이므로 본적이 매우 중요한 기준이 되었다)가 남편의 고향이므로 자신과 아무 연고가 없는 지역인 경우도 많았다. 나 역시 공무원으로 재직하는 동안 본적지이긴 하지만, 한 번도 가보지 못한 경북향우회에서 종종 초청을 받기도 하였다. 그래서 인사수석실에서는 편의상 졸업한 고등학교를 기준으로 지역인재의 기준을 정하고 지역인재 활용 현황을 지속적으로 관리하였다. 또 정기적으로 대통령에게 이 결과를 보고하여, 어느 정부보다 높은 수준으로 지역인재의 균형적 인사를 위해 노력해 왔다고 자부한다.

그런데 지난 총선기간 동안 호남지역에서 참여정부 인사운용에 대한 불만이 제기되었다는 보도를 접하면서 왜 그런 평가가 나왔는지 잘 이해하기 어려웠다. 참여정부 기간 동안 총리, 장관, 4대 기관장(국정원장·검찰총장·경찰청장·국세청장)을 포함하는 정무직 중 호남 출신 인사가 30% 정도를 차지하여 인구비례를 상회하였고, 기관장이나 정부 위원회 위원에 발탁된 인사도 어느 정부보다 많았다. 특히 4명의 인사수석 비서관 중 2명이 호남 출신이었다.

그런데 외부에서는 여성이나 장애인, 지역인재에 대한 배려는 이해가 가는데 과학기술 분야의 이공계 인재가 왜 균형인사 대상에 포함되었는지 의아해 하는 경우가 많았다.

한번은 모 기업의 인사담당 임원이 한국을 방문한 중국 고위직 후보 연수단에게 대통령비서실의 균형인사업무를 소개해 줄 수 있는지 요청이 왔다. 이들에게 균형인사비서관실의 업무를 소개하니, 여러 명이 왜 이공계가 균형인사의 대상에 포함되었는지 질문하였다. 중국에서는 장쩌민, 후진타오, 시진핑 등 지도자들 상당수가 전기기계학과, 기계공학과, 화학공학과 등 이공계 전공자여서 이공계 출신의 권한이 훨씬 크기 때문이다. 그러나 우리는 행정직 중심의 공무원 조직체계 내에서 기술직이나 전문직들이 차지할 수 있는 비중은 매우 적고, 고위직으로 갈수록 그 기회는 더 좁아진다.

지식정보사회나 4차 산업혁명의 도래에 대해 이야기하고, 신기술이 우리의 미래라는 등 과학기술의 중요성을 끊임없이 강조하는 현재에도 공직 사회 내에서 행정직 이외의 분야에 대한 개방성은 그다지 확대되지 않고 있다.

모두에게 불편하고 생소한 균형인사

균형인사업무를 추진하는 데 가장 큰 어려움은 충분하지 못한 인재풀의 문제였다. 해당 직위의 인사 기준을 충족시키는 후보군 자체가 부족하여, 균형인사를 위해서는 많은 경우 기존의 인사기준과는 다른 방식으로 인재를 발굴하고 추천하게 되었다. 그런데 임용된 인사들 중 다수는 자신이 속한 비주류집단에 대한 대표성을 가지고 책임 있게 활동하기보다, 오로지 자신의 능력에 의해 임용되었다고 생각하고 행동하여 인사를 담당했던 사람으로서 서운한 경우도 많았다. 반대로 이들이 임용된 후 좋은 성과를 내서 후배집단의 모델이 되거나 다음 균형인사 추진에 도움이 되면 큰 보람을 느낄 수 있었다. 그래서 정무직이나 기관장들에 대한 평가결과가 나오면 균형인사를 통해 임용된 인사들의 순위를 먼저 확인하느라 긴장했던 기억이 난다. 지금 생각하면 감정이입이 너무 지나쳤던 것 같다.

많은 사람들이 권력을 지닌 자리나 정부의 주요 직위에 가고 싶어 하지만, 반대로 충분한 자격을 갖춘 인사들 중에 공직을 맡는 것을 꺼려하는 경우도 많았다. 기억나는 일 하나는 대통령이 호의적인 평가를 했던 중견여성 언론인을 만나 국정홍보처장 후보로 추천하려 한다고 했더니, "방금 전까지 언론인으로서 정부정책을 비판하다가 어떻게 바로 국정홍보를 하는 자리로 갈 수가 있느냐"고 거절하였다. 여성인재를 발굴하고 임용되게 해야 하는 입장에서는 매우 안타까왔지만, 언론인으로서의 자세를 굳게 지키려는 이 여성에게 더 이상 권유하기는 어려웠다. 이 여성은 현재도 진보적 선배 언론인으로서 홀

륭하게 활동하고 있다.

균형인사에 대한 홍보와 이해를 구하기 위해 여러 모임에 참석하고, 또 회의도 많이 하였다. 각 부처 기획관리실장 회의, 장관 보좌관 모임, 인사담당 공무원 회의, 각 부처의 고위직 여성공무원 회의를 통해 균형인사에 대해 도움을 요청하였고, 인사행정 분야의 학자나 기업의 인사담당자들과도 만나 자문을 구하였다. 비서실 내의 다른 부서에도 균형인사에 대해 협조 요청하였고, 또 많은 도움을 받았다.

하지만, 많은 사람들에게 균형인사는 매우 생소하고 부가적인 일로 여겨졌던 것 같다. 인사수석실만 하더라도 정무직과 각 부처 그리고 산하기관의 인사가 줄을 이어 진행되고 또 예기치 않았던 인사 요인도 종종 발생하기 때문에, 매일 아침 열리는 회의시간에 균형인사와 관련된 제안을 한다든가 협조요청을 하면 그런 이야기는 좀 나중에 따로 했으면 (물론 따로 시간 내기는 더 어렵다) 하는 표정들이 역력하다.

부처 역시 크게 다르지 않았다. 예를 들어, 균형인사업무를 제도화하기 위해 중앙인사위원회에 새로 과를 설치할 수 있는 T.O.를 어렵게 확보하고 균형인사과를 설치하자고 하니, 중앙인사위원회에서는 감사관실을 설치하여 균형인사 업무를 같이 보는 것이 좋겠다고 의견을 내었다. 물론 인사위원회 감사관실이 갖는 힘을 이용하여 전 행정부처에 균형인사를 추진하면 효과적일 수도 있지만, 균형인사과라는 이름이 갖는 상징성도 중요하고 또 감사관실에서 언제까지 균형인사 업무를 중요 업무로 간주할 것인지도 보장할 수 없기 때문에 균형인사과를 설치해야 한다고 강력하게 주장하였다. 나중에 다음 정부가 들어서면서 중앙인사위원회 조직 자체가 없어졌는데도 행정자치부 내에 균형인사 업무는 남아있게 되었으니 잘한 일이라고 해도 될지 잘 모르겠다.

중앙인사위원회 뿐 아니라 다른 부처의 장, 차관들도 대부분 균형인사에 대해 소극적이었다. 말로는 균형인사에 대해 동의한다고 하면서도, 승진을 시키려 해도 '대상자가 없다'거나 '경력이 모자란다'거나, '능력이 부족하다'거나, '다면평가 결과가 안 좋다'거나 그때마다 다른 여러 가지 이유로 비협조적인 태도를 보이곤 했다. 그래서 선거를 준비하는 장관에게는 "나중에 여성공무원들에게 좋은 정책을 펴셨다고 하면 여성 표를 얻는 데 도움이 될 것"이라고 설득하기도 하고, 다른 인사 사안이 있을 때 지원해 주기도 하였다.

똑같이 비협조적이었던 한 부처의 장관이 나중에 국제기구의 수장이 되었는데, 퇴임 시에 임기 동안 잘한 업적 중 하나가 여성인권신장을 위한 노력이었다는 외신 보도를 보면서, 내가 했던 조언이 도움이 되었던 것인지 아니면 국제적인 안목으로 보니 태도를 바꿀 수밖에 없었는지 궁금한 마음이다.

대통령과 전 국무위원이 참여한 균형인사실천보고회

균형인사와 관련하여 가장 상징적인 회의는 대통령 주재 하에 모든 국무위원들이 참석한 '균형인사실천보고회'이다(2004년 12월). 이 회의에서 중앙인사위원회는 부처별로 여성, 장애인, 과학기술직의 인사관리 현황을 균형인사지표를 활용하여 비교 분석한 결과를 발표하였다. 실적이 낮은 장관은 '부처별 특수성이 제대로 반영되지 못하였다'거나, '지수작성 기준에 문제가 있다'거나 하면서 여러 불만을 제기하였다. 하지만 대통령은 "균형인사는 사회정의 차원에서 사회의 다양성을 확보한다는 의미가 크고… 우리 사회의 중요한 직위에 여성, 장애인, 이공계 출신 등 다양한 인재들이 소외되지 않고 자리 잡아야 사회 전체의 다양성이 확보되고 사회의 창의성, 효율성, 통합성이 높아질 것"이라고 지지해 주었다. 회의가 끝난 후에는 "균형인사지수에 대한 합리성을 확보하여 이해를 넓힐 수 있도록 학습기회를 갖고… 지수는 단순히 평가의 기준만이 아니라 목표를 향해 가는 과정에 있어서의 수단과 방법을 포함하고 있는 것이니 잘 진행하도록…" 꼼꼼히 지시하였다. 이후 균형인사평가는 광역자치단체와 공공기관으로 확대되고 정부업무평가기본법에 의한 평가 항목에도 포함되는 등 점차 제도화되었다.

그런데 이 회의가 차질 없이 진행될 수 있었던 데는 뜻밖의 우연한 상황이 있었다. 인사수석실에서 부속실에 회의 개최를 요청한 지꽤 되었는데도, 대통령의 일정에 여유가 없어 회의 날짜가 잡히지 않고 있었다. 당시에 새 비서동이 완공되어 인사수석실도 새 건물로 옮겨가게 되었다. 이사를 하느라 어수선한 상황에서 균형인사 업무 홍보물 초안 작업을 하고 있었는데, 갑자기 등 뒤에서 익숙한 목소리가들렸다. 돌아보니 대통령이 산책하다 직원들이 이사는 잘하고 있는지, 불편함은 없는지, 그냥 옆집 어른처럼 불쑥 찾아온 것이었다. 나는 기회를 놓치지 않고, "균형인사보고대회를 하려고 하니 일정을 좀내달라"고 요청하였고 대통령은 흔쾌히 허락해 주었던 것이다.

미진했던 균형인사 업무, 특히 해외인재업무의 중도하차

균형인사비서관으로서 일하면서 제대로 결실을 맺지 못한 일도많다. 하나는 독립운동가들의 자손 중에서 공직에 발탁할만한 인재가 있는지 여러 경로로 찾아보았지만, 정무직 후보에 소수 인원을 추천하는 이상의 성과를 내지 못하여 많이 안타까왔다. 상당수의 친일인사 후손들은 여전히 사회의 상층으로 잘 살고 있는데 비해, 독립운동가의 후손들은 대부분 비참한 생활을 하면서 교육도 잘 못 받고 제대로 된 취업도 못했기 때문에, 일정 정도의 자격을 요하는 고위직 인사 대상이 되는 것이 너무 어려웠다. 아울러 민주화운동 출신 인사와 그 가족을 보훈 대상에 포함시키는 일도 제대로 시작도 하기 전에 보수언론의 반대로 흐지부지되어 많이 아쉬웠다.

한번은 더운 여름날 장애인 균형인사제도 개선방안을 마련하기 위한 회의가 있었는데, 한 장애인단체 대표가 땀을 뻘뻘 흘리면서 회의실에 들어왔다. 그래서 "날이 많이 덥죠?"라고 무심코 인사를 하니, "그렇다"고 해서 별 다른 이야기 없이 회의가 시작되었다. 그런데 나중에 보니 우리 비서관실이 있는 건물 1층으로 들어오려면 계단을 몇 개 올라와야 하는데 휠체어를 탄 그 대표가 건물로 들어오기 위해 얼마나 힘이 들었는지 미처 모르고 한 말이었던 것이다. 당시 새로 건축이 된 비서동은 아직 장애인 이동시설이 마련되지 않았었다. 이후 총무비서관실에 얘기해서 시설이 설치되었지만, 장애인을 위한 회의를 주관하는 사람으로서 참 미비했다는 생각에 몹시 미안하고, 남의 입장에 선다는 것은 머리의 생각만으로는 한참 부족하다는 것을 깨닫게 되었다.

특히 해외인재에 대한 일을 제대로 마무리 하지 못한 점도 몹시 아쉽다. 애초에 해외인재 DB를 구축하는 일은 참여정부 국정과제의

하나였다. 또 해외인재에 대한 관심은 참여정부 초대 인사수석인 정찬용 수석의 개인적 경험과도 연관된다. 5.18 광주민주항쟁 때 당시 선원이던 정 수석의 동생은 한 민주인사를 밀항시킨 것이 3년 후 발각되어 체포된 후 다행히 구속은 면하였으나 선원수첩이 말소되어 결국 파나마로 혈혈단신 돈벌이를 떠났다. 이후 그 곳에서 성공하여 파나마 고위층과도 쉽게 교류하는 지위까지 이르게 되었다. 그래서 정 수석은 동생처럼 각 국가에서 잘 정착한 해외인재들을 발굴하여 국가인재 DB에 포함시켜두면 여러 방면으로 활용할 수 있을 것이라고 생각하였다.

2005년 11월 해외인재 DB 구축에 대한 의견을 수렴하고, 또 문제점을 파악하고자 인사수석실과 중앙인사위원회 공무원들이 두 팀으로 나누어 미국과 유럽지역(영국, 독일, 프랑스)으로 출장을 다녀왔다. 출장가기 전에 각 부처와 대통령비서실에서 보유하고 있는 해외인재 명단을 입수하였고, 민간 분야에서도 국제교류 경험이 많은 인사들을 통해 출장지에서 만나야 할 사람들의 명단을 확보하였다. 나는 미국 팀에 합류하여 대사관과 교민들이 많은 지역의 총영사관에 근무하는 외교관 및 부처 주재원들, 그리고 그 지역의 정부, 학계, 기업, 시민단체에서 활동하는 주요 인재들을 만나 교민사회의 동향과 인재DB 확보에 대한 의견을 청취하였다.

대통령비서실에서 직접 미국에서 성공적으로 활동하고 있는 교민들의 의견을 청취하러 왔다고 하니 기대와 우려의 분위기가 교차하였다. 첫 방문지인 워싱턴 공항에 도착해서 가장 먼저 만난 사람은 재미 한국 언론인들이었다. 아마도 당시 관심을 모으던 '로버트 김 사건' 처럼 민감한 상황과 연관하여 우리 방문을 어떻게 해석해야 할 것인지 궁금했던 것 같다. 출장기간 동안 만났던 교민들 중에서도 기술이나 정보와 관련된 분야일수록 우리나라 사람이나 정부와 네트워킹하는 것에 대해 신중해야 한다거나 부정적인 태도를 나타냈다. 물론 기본적으로 참여정부에 대해 호의적이지 않은 교민들도 있었고, "이제까지 성공하기 위해 고생하는 동안 별 관심도 없더니 왜 새삼스럽게 관여하려고 하느냐" 는 반감을 표하거나 아예 "미국 시민권자들에 대하여 대한민국 정부가 관심을 가지느냐" 는 반응을 보이는 경우도 있었다.

다른 한편, 주미대사관의 외교관은 공식적 통계와 달리 정확한 재미교민의 숫자를 확인하는 것이 불가능하다고 하면서, 앞으로 교민들이 점차 주류사회에 진입하고 또 개인주의화가 지속된다면 30년 정도 후에는 한국 교민사회가 사라지게 될 것이라고 위기감을 전하였다. 실제로 L.A. 근교의 한 명문대학 교수는 오랫동안 알고 지내던 동료교수가 한국 출신인지 최근에야 우연히 알게 되었다는 이야기를 전해주었다. 미국인과 결혼하여 성이 서양식으로 바뀌면 한국계인지 확인하기 어렵고 또 본인이 한국계라고 여기는지도 알 수 없어, 실제 한국교민이 누구를 말하는지도 점차 애매해지고 있었다.

그럼에도 불구하고, 상당수의 교민들은 한국정부의 관심에 대해 긍정적이었다. "그동안 한국정부는 한인회나 민주평통 위원들을 중심으로 관심을 기울여 왔고 재외동포재단의 활동도 매우 제한적이어서 여러 모로 서운했는데, 몇 십년 만에 이렇게 직접 교민들의 상황을 파악하러 오니 기쁘다"고 우리를 반겼다. 또, 2세나 3세들이 정치 주류로 진입해 나가고 있고, 경제, 과학기술, 문화 각 분야에서 뛰어난 성공을 거두었지만, 현실적으로 백인중심의 미국 주류사회에서 한국계가 진출하는 데는 엄연한 한계가 있는 것도 사실이므로 유권자로서 정치력을 발휘하거나 교민들의 역량을 키우고 단합을 위한 노력이 필요하다는 의견도 많았다. L.A. 등 한인이 많은 지역조차 중국계 커뮤니티의 영향력에 미치지 못해 후보들이 선거과정에서 한국계 교민들을 덜 중요하게 생각하는 경향이 있고, 과학기술 분야 같은 경우도 중국이나 인도 출신 커뮤니티는 동포끼리의 네트워크가 굉장히 강하고 정보교류, 취업이나 승진 등에서도 적극적으로 지원해 주면서 서로 영향력을 키워가는 데 비해 한국 교민들은 교류도 적고 잘 통합되지도 못한다는 것이었다. 종종 한국교민 변호사나 회계사를 채용하려고 하거나, Asian American 몫으로 한국계를 추천해 달라는 요청에 대해서도 적절한 인재 DB가 없어 중국계를 추천하거나 추천하지 못 하는 경우도 있어서, 교민사회 인재에 대한 정보를 확보하는 것은 교민 사회를 위해서도 필요한 일이라는 것이었다. 그래서 교민들 스스로 이미 KAC, KALCA, KASM, KAVC, LOKA 등의 다양한 단체를 조직하여 2, 3세대 교민들을 대상으로 한국 언어나 문화를 가르치는 교육 프로그램을 진행하거나, 교민들 간의 협력과 네트워크를 강화하기 위한 활동, 또 유권자 독려를 위해 'Korean-American Who's Who' 같은 인명록 작성을 시도하고 있었다.

200만여 명에 이르는 교민들의 입장과 이해관계는 매우 다양하고, 때로 상반될 수도 있어서 이들의 의견을 하나로 모은다는 것은 애초에 쉽지 않은 일이다. 또 이들이 지위나 직업에 따라 한국동포로서의 정체감을 가지거나, 이를 드러내는 것은 복잡한 맥락 속에 위치하는 것이고 또 지속적으로 변화할 것이다. 그럼에도 불구하고 이들이 거주국에서 정착과 성공을 지원하는 데 우선 순위를 두고, 누가 어느 분야에서 어떤 지위를 갖고 어떤 영향력을 키워나가고 있는지 등을 파악하는 노력은 일단 유의미할 것으로 여겨졌다. 아울러 인재 DB를 어떻게 확보하고 관리하고 활용할 것인지에 대한 여러 의견들도 청취하고 한국으로 돌아왔다.

출장에서 돌아와 그동안 파악한 교민들의 동향, 인재 DB 구축 및 활용에 대한 의견, 정부에 대한 건의사항, 그리고 앞으로의 교민지원 방안들을 정리하여 대통령비서실의 e지원 업무관리시스템에 보고서를 올리고 대통령의 결재를 기다렸다. e지원 시스템은 결재과정 단계마다, 거쳐 가는 사람들이 보고서를 확인하면서 자신의 의견을 첨부하고, 최종적으로 대통령이 그에 관해 확인 후 지시하는 구조로 되어있다. 이후 관련 비서관과 수석비서관, 그리고 비서실장까지 확인을 하였는데 대통령의 결재가 나지 않아 부속실에 문의하니 인사수석비서관이 문서를 회수해 갔다는 것이다. 새로 바뀐 인사수석비서관이 본인의 순서에서 문서를 확인하고 난 뒤, 해외인재와 관련된 업무는 우리 비서관실 소관이 아니라고 마음이 바뀌어 문서를 회수하였던 것이다.

길지 않은 일정이었지만, 상당히 장거리를 이동하며 영향력 있는 많은 교민들과의 면담을 통해 나름대로 최선을 다해서 만든 해외인재 DB 관련 보고서는 그만 거기서 더 진행되지 못하게 되었다. 열심히 노력한 것이 중단되어서 아쉬운 것보다는 바쁜 시간을 내서 진정을 다해 의견을 준 많은 분들의 기대를 저버리게 되어 정말 미안한 마음이었다. 그리고는 나도 비서관을 그만 두고, 학교로 옮겨오게 되어 그 일에 대해 더 이상 관심을 갖지 못하였다.

2009년 재외국민에 투표권을 부여하고, 2015년 인사혁신처는 다양한 인재발굴 확보 차원에서 최초로 재외동포들을 대상으로 현지 공직설명회를 갖기도 했다. 하지만, 이 일을 인사혁신처가 독자적으로 추진하기란 사실 불가능하다. 다음 정부에서 꼭 해외 인재에 대한 관심이 다시 이어지면 좋겠다.

좋은 인사원칙이란 무엇인가?

인사가 만사라고는 하지만, 또 잘해야 본전이라는 이야기도 있다. 태프트(N. H. Taft)라는 미국 대통령이 "10명의 지원자가 있으면 인사가 끝난 후 1명만이 그 인사에 대해 만족하고, 나머지 9명은 불만을 갖게 된다"고 한 이야기는 유명하다. 참여정부에서는 인사추천과 검증을 분리하고, 인사추천위원회를 통해 최대한 객관적으로, 직위에 가장 적절한 인재를 임용하고자 노력해왔다.

그런데 인사업무를 담당하면서 드는 의문은 좋은 인사의 일관된 기준이 과연 있는가 하는 것이다. 경력이 많고 유능한 인재를 발탁하는 것만이 인사의 기준이 된다면 애초에 균형인사란 불가능할 것이다. 또 정부의 인사란 뜻을 같이하는 사람들이 목표를 향해 함께 최선을 다하기 위한 전제 조건이므로, 대통령이 임면권한을 갖고 있는 자리 중 상당수의 직위는 대통령과 정치철학이나 이념을 공유하지 않는 한, 임용되기 어렵다. 또 해당 직위에 적절한 능력이라는 것도 전문성, 리더십, 추진력, 설득력, 경영관리능력 등 수많은 역량 중 무엇을 의미하는지 상황이나 시기에 따라 달라질 수 있다. 내부 사람을 승진시킬 것인지 아니면 외부에서 영입할 것인지, 또는 어떤 사람을 경력관리 대상에 놓고 다음 상황에 대비할 것인지도 고려해야 한다. 또 당이나, 총리, 해당 부처 장관의 의사도 반영해야 한다.

한번은 어느 부처의 부총리와 인사협의를 하려고 만났는데, 거의 여섯 시간을 설득했지만 실패한 일도 있다. 때로는 차관 후보 1순위인데, 우연히 장관과 동향이거나 동문이어서 불가피하게 임용되지 못한 경우도 있다. 성별, 지역별, 분야별 인사의 균형을 맞추는 과정에서 나타나는 일이다.

그래서 종종 인사는 뚜껑이 열릴 때까지 알 수 없다든가, 농담 삼아 '운칠복삼(運七福三)'이라는 얘기를 하기도 하였다. 이처럼 좋은 인사인가 아닌가에 대해 모든 사람이 합의하기란 거의 불가능하고, 반대로 상대측의 비판도 언제나 가능한 것이다. 그래서 참여정부 내내 코드 인사니, 보은 인사니, 회전문 인사니 하면서 언론의 비판에 직면했고, 인사운영의 책임을 지고 인사수석과 민정수석이 사표를 낸 일도 있다. 후반부로 갈수록 언론의 비판도 더 심해져, 인사발표가 난 이후에 사실관계를 설명하고 대응해야 할 필요성도 함께 늘어났다. 균형인사비서관실 소관 비판기사에 대해서도 몇 차례 청와대 홈페이지를 통해 대응 글을 올리곤 했다. 다음 날 다시 홈페이지에 들어가 보면 대통령이 한밤중에 글을 읽고, 종종 지지를 표하거나 새로운 지시를 하는 댓글을 달기도 하였다.

III. 가을, 그리고…

마지막까지 공들였던 대통령 기록물 이관

세 번째 참여정부에서 일하게 된 것은 참여정부 임기가 두 달여 남았을 때였다. 대통령은 마지막 인사수석비서관에게 임명장을 주시며 "미안하고 감사하다"고 하였다. 왜 미안했는지, 그리고 왜 감사했는지는 미처 물어보지 못했다. 그 즈음에 MBC에서 〈청와대 사람들〉이라는 특집 프로그램을 촬영하고 있었는데, 임명장을 받으려고 기다리고 있는 나에게 "임기 마지막인데 왜 다시 청와대에 왔느냐"고 질문하였다. 나는 "참여정부의 시작에 인수위원으로 함께 일했었는데, 마무리도 함께 할 수 있어서 감사하게 생각한다"고 동문서답을 하였다.

참여정부의 마지막 인사수석실은 대통령기록물관리법에 따라 대통령지정기록물 이관과 관련된 작업을 하느라 바빴다. '기록물의 누락 없는 이관'을 강조한 대통령의 지시에 따라 문서, 회의자료 뿐 아니라, 각종 관련 기록들도 분류하여 정리하였다. 사진에 대해서도 시간이 지나면 누구인지 확인할 수 없게 된다고 단체 사진 속 인물들의 이름과 직함까지 일일이 확인하여 기록하였다.

그런데 인사수석실에는 공식적인 인사추천 회의 자료나 인사제도 자료 뿐 아니라, 인사 대상 후보자에 대한 검증자료나 평가서 등 논란의 소지가 될 문서들이 많았다. 시간이 지나 이러한 자료들이 공개되었을 때 뜻하지 않은 문제가 생길 가능성도 배제할 수 없어, 기록물 지정 대상의 범위나 공개 또는 비공개의 기준과 기한, 열람자 범위에 대해 의견을 모으기가 쉽지 않았다. 그래서 인사수석실의 기록물 이관범위와 기준에 관해 대통령의 의견을 구하니, "비공개로 지정된 기록물에 대한 열람이 가능해질 20년, 30년 후가 되면, 설사 문제가 되더라도 우리는 이미 다 없을 테니 괜찮다. 빼지 말고 그대로 다 이관하라"고 농담처럼 이야기하였다. 대통령은 우리가 떳떳하게, 최선을 다해 일했다고 확신했던 것 같다. 또 혹시 나중에 논란이 된다 하여도 이런 기록들이 후대에 더 발전된 역사를 만들어 갈 수 있을 것이라고 생각하였을 것이다.

하지만 안타깝게도 대통령기록물관리법을 만들고 시간과 공을 들여 기록물을 정리하고 이관한 이 일들은 더 이상 다음 정부로 이어지지 못하였고, 얼마 지나지 않아 전임자가 된 대통령의 발목을 잡는 시작이 되어버렸다.

정부 교체기 인사에 관한 논란

기록물을 정리하고 이관하는 일 외에도 인사수석실에서 해결해야 할 일이 한 가지 더 있었다. 즉, 임기 말의 인사를 어떻게 마무리 짓느냐 하는 문제였다. 이 시기는 마지막까지 대통령으로서 맡은 바 책임을 다하여 국정을 챙겨야 하는 한편, 차기 정부와의 관계도 염두에 두지 않을 수 없는 미묘한 시기이기 때문이다.

인사수석실에서는 새 정부의 인수위원회가 구성된 이후에 발생한 인사요인에 대해서는 차기정부 인수위원회와 만나 협의하여 인사를 진행하거나 유보하였다. 아울러 임기가 남아 있는 임명직 인사들의 임기를 새 정부에서도 존중해 줄 것도 제안하였다.

정부 교체기 임기제 정무직의 교체비율은 문민정부 73%, 국민의 정부 23%, 참여정부 26%로 점차 감소해 왔다. 공공기관 임원의 경우도 문민정부 53%, 국민의 정부 51%에서 참여정부 10%로 현저히 줄어들었다. 참여정부에서 이들이 교체된 원인도 대부분 타 직위로의 이동, 직무수행상 문제, 개인사정 등이다. 사실 임기제 직위는 직무의 독립성, 공정성 및 전문성 등을 확보하기 위해 헌법 또는 개별 법률에 의하여 일정기간 동안 이들의 임기와 신분을 보장하고 있다. 인사권자의 임면권도 법률이 정하는 바에 따르는 것이 법치주의의 기본 정신에 부합하는 것이다. 만일, 현 정부의 통치철학을 적극적으로 반영할 필요가 있는 직위라면 법률 개정을 통해 임기제를 폐지하여, 불필요한 정치적 논란을 줄이는 편이 나을 것이다.

실제로 대통령제 국가나 의원내각제 국가 모두 임기제 직위의 임기를 대부분 보장하고 있다. 예를 들어, 미국의 경우 법정임기가 있는 준 사법적 조직이나 독립규제기구의 멤버들은 소추나 개인 사정이 없는 한 정부교체 시에도 임기가 보장되도록 규정하고 있다. 영국이나 프랑스, 일본의 경우도 임기직의 경우 임원의 경영실적, 불법행위 등 개인적인 귀책사유를 제외하고 정권 교체 시 정치적인 이유로 해임되는 사례는 거의 없다.

그러나 정부 간 협의에도 불구하고, 새 정부가 시작되자 임기가 남아있는 임명직 인사 대부분이 새로운 인물로 교체되었다. 정권 교체기 임기직의 신분보장을 위해 기울여 온 참여정부의 노력도 그만 한계에 부딪치고 말았다.

노승과 동자승

참여정부는 2008년 2월로 종료되었지만, 뜻하지 않은 노무현 대통령의 서거로 참여정부의 공과를 둘러싼 평가는 참여정부에 대한 애증과 함께 여전히 현재진행형이다. 앞으로 국민들이 원하는 좋은 정부가 참여정부의 성공과 실패를 딛고 한 단계 진전된 목표와 과제들을 이루어 나갈 때 비로소 참여정부는 완료형으로 전환될 수 있을 것이다.

대통령직 인수위원회의 인수위원에서부터 마지막 인사수석비서관의 업무를 하기까지 대통령에게서 가장 많이 들은 이야기는 '원칙을 지키는 것' 이었다. 2004년 봄 헌법재판소의 탄핵결정을 기다릴 때도 우리는 대통령에게 더 이상의 고난이 없기를 바랐다. 하지만, 대통령은 "역사에서는 실패가 훨씬 많았다. 그러나 길게 보면 정의가 승리한다"고 하며 오히려 우리를 위로하였다. "안되는 것 같아 보이는 많은 일들이 다 하나하나 싹을 틔우고… 말하자면 물을 주고 키우고 꽃을 피우기 위해서 노력할 가치가 있다는 것이죠…. 그래서 안된다는 것은 우리가 너무 시야를 짧게, 인과관계를 너무 단순하게 보기 때문에 안된다는 것이지, 진짜 안되는 건 없다. 하물며 노력할 가치조차 없는 것은 정말 없다. 나는 그렇게 보는 것입니다"라고 하였다.

하루는 노승이 나이 어린 동자승을 데리고 길을 걷고 있었단다. 이때 생선 굽는 냄새가 풍겨 왔다. 노승이 혼자 "음, 맛있는 냄새로구나" 하고 중얼거렸다. 먼 길을 걸어왔을 때 동자승은 도저히 더 참을 수가 없다는 듯 노승에게 물었다.

"스님, 아까 고기 굽는 냄새가 맛있다고 하셨는데 스님이 그런 말을 해도 괜찮습니까?"

노승은 "야, 이놈아, 너는 그 비린 것을 여기까지 들고 왔느냐? 나는 벌써 버리고 왔다"라고 하면서 동자승을 나무랐다는 이야기가 있다.

나는 대통령 비서실에서 일하는 동안 내내 대통령이 국민들에게 사랑받기를, 인정받기를, 이해받기를 원했었다. 그런데 지나고 보니 노승에게 야단맞는 동자승의 수준이었던 것 같다. 대통령은 참여정부가 막 시작하면서 국무위원과 국정과제 위원장들에게 이렇게 이야기하였다. "흔히들 저를 보면 역사에 남는 대통령이 되라, 5년 뒤에도 지금처럼 사랑받는 대통령이 되라는 주문을 많이 하는데… 실제로 그 점에 관해서는 글쎄입니다. 역사에 남는다는 것은 역사적 사건이 있어야 하는 것이고, 그 평가는 역사의 고비마다 다 달라지는 것이기 때문에 아무도 모르는 것이고, 도대체 본인의 의지와는 관계가 없는 것이라고 생각하고, 그 다음에 또 5년 뒤에 어떻게 한다는, 이런 것이 목표가 되어 가지고는 아무 것도 안된다고 생각합니다. 그건 모릅니다. 운수가 나쁘면 무슨 사건이 발생할지 모르는 일이고, 그리고 정말 역사적으로 꼭 중요한 일도 반드시 인기 있는 것은 아닙니다."

대통령은 우리에게 세상의 평가와 관계없이 최선을 다하여 자신의 일을 해나간다면, 결국 우리는 원하는 세상과 만날 수 있을 것이라고 이야기한다. 그래서 대통령은 지금도 여전히 많은 사람들의 가슴 속에서 살아있다. 하지만, 나는 여전히 동자승처럼 봉하마을에 갈 때마다 사저 앞 조그만 언덕 위에 서서 모여든 사람들에게 까맣게 탄 얼굴로 열심히 이야기하는 대통령의 모습을 보고 싶다.

시지푸스의 꿈이었을까

노혜경

시지푸스의
꿈이었을까

노혜경 _ 참여정부 국정홍보비서관

누구의 꿈이었나

이 글을 쓰고자 참 여러 번 서두를 둘러엎었다. 이제 이렇게 최종
적으로 시작하려 한다.

1월 중순, 폭설이 내린 주말에도 촛불집회는 계속되어야 한다며,
참여정부 시절 동료비서관이자 이제는 그냥 사사로운 친구가 된 김
은경과 함께 미끄러운 광화문길을 걷다가 옛날 이야기에 다시 빠졌
다. 우리 사이에 옛이야기를 하면 단골로 나오는 주제는, 수석보좌관
회의에서 울음을 터뜨린 어느 비서관에 대한 이야기이다.

2005년 5월 어느날 KBS의 〈추적 60분〉은 공공임대주택의 부도

사태를 다루었다. 물경 3만여 가구가 거리에 나앉게 된 이 사태는 몇 달이 지나도록 해결될 기미를 보이지 않은 채 확산되고 있었다. 있어서 안될 일이지만 발생했다. 이 방송을 시청한 노무현 대통령은 몹시 화가 났다. 수석보좌관회의와 국무회의에서 방영할 수 있도록 이 방송을 편집하라는 긴급지시가 국정홍보비서관실로 내려왔다. 바로 내가 책임자로 있는 부서다. 약 20분 분량으로 편집된 이 동영상은 그 다음날 수석보좌관 회의(앞으로는 줄여서 수보회의)에 특별안건으로 올라갔다고 기억을 한다.

수보회의에는 발언권은 없지만 회의를 참관하는 몇몇 비서관이 있는데, 나도 그 중 한 사람이다. 이 날은 고정참석자가 아닌 비서관 한 사람이 특별히 참석을 했다. 민원제안비서관 김은경. 그는, 바로 이 부도난 공공임대주택의 피해자들이 청와대에 매달려 하소연하고 항의하고 구조요청을 할 때 바로 그 일을 담당하는 주무부서 비서관이다. 물론 민원제안 비서관실에 구조요청을 하는 국민들은 그분들 말고도 아주 많았다. 동영상이 상영되고, 주관부처인 건교부와 산업정책비서관실을 질타하는 대통령의 노여운 말씀이 울리는 동안 김은경 비서관은 눈에다 특수분장 눈물장치라도 달아놓은 듯 엄청나게 울고 있었다.

이때의 사건을 비공개 블로그에다 쓴 적이 있다. 옮겨본다.

"금요일 수석보좌관회의에 대통령이 참석하시는 일은 거의 없는 일이다. 그만큼 〈추적60분〉의 보도가 마음을 움켜쥐었던 것이겠지.

수보회의에 들어가니, 회의 고정참석자가 아닌 민원제안비서관이 들어와 내 옆자리에 앉았다. 김은경 비서관이다. 김 비서관은 그동안 수보회의에 올려왔던 공공임대주택관련 안건들을 모아가지고 들어왔다. 민원제안비서관실에 쏟아진 민원들에 대한 후속조치를 위해 지속적으로 올려왔던 안건들이다. 민원이 발생하고, 청와대와 부처 사이에서 정책이 만들어지고 집행되기까지 참 지난한 과정을 거친다. 대통령에게 보고되는 정책이 나오기까지는 아직 더 시간이, 그리고 지난한 내부 설득과 투쟁이 필요했던 일들. 그런데 그 과정이 단축되었다. 그렇다고 기쁘지는 않은 일이다.

우리 실에서 약간 편집한 동영상을 보면서 김 비서관은 눈물을 줄줄 흘리며 울었다. 청와대에서 가장 많이 우는 비서관이 아마 김은경 비서관일 것이다. 가장 약한 사람들이 최후로 믿고 의지하는 곳이 청와대 민원실이다. 그 일을 담당하는 비서관이 어찌 눈물이 없을 수 있으랴. 한편으로는 시스템과 씨름하고 한편으로는 지치고 절망한 사람들의 마음에 함께 무너지지 않으려 애쓰는 일이 조그맣고 부드럽게 생긴 한 여성의 몫이다.

그래, 이런 것들이 여성의 몫이라 해두자. 가난한 사람들, 성적 소수자들, 파괴되는 생태환경, 아이들, 차별받는 사람들, 버림받은 노인들, 그리고 앞으로도 줄줄이 더 이어갈 수 있는 목록을 아파하고 눈물흘리고 해결하려는 노력을 하는 일이 어찌 여성만의 몫이리요만은, 눈물 많다는 생래적 특성이 이 모든 것을 감싸안고 함께 나가려는 의지로 이어진다고, 그래서 여성의 몫이라 부른다고 나는 믿는다. 아직 한줌밖에 안되는 여성 비서관들이지만, 마음을 합하여 이런 사람들을 위한 정책과 시스템을, 사람의 마음으로 만들어내고 싶다.

은경씨, 이젠 속으로만 울고 손을 불끈 쥐고 나아갑시다."

불끈 쥐고 나아갔을까, 우리는?

눈 내린 밤길을 손을 잡고 엉금엉금 걸으며 우리는 웃었다. 여전히 그 이야기를 다시 했다.

"몇 달씩이나 문제제기를 했는데 대통령의 한 마디로 해결이 된다는 건 좀 그랬어."

"워낙 많은 현안이 있었으니까 어쩔 도리가 없지 않나? 그래도 계속 문제제기를 해야 하는 것 아닐까?"

"그건 그랬어. 정권만 잡으면 다 할 수 있다고 믿었던 건 아니지만 그래도. 우린 꿈을 꾼 거지?"

"아직도 꾸고 있는 꿈이긴 한데 말야."

"그런데 그게 누구 꿈이었을까? 노무현? 나?"

"내 꿈이지, 아무래도, 나의 꿈이었던 것 같아. 그래서 아직도 꿈을 꾸는 거야."

"그런데 비슷한 꿈을 꾼 사람들을 끌어모아둔 걸 보면 노무현의 꿈이었던 것 같기도 해. 그러니까 우리 꿈?"

집에 와서 잠들기 전 생각해본다. 나는 아직도 꿈꾸고 있는 걸까? 그때에 비해 너무 많은 것을 알게 된 지금에도 여전히, 가장 강력한 건 꿈을 꾸겠다는 내 마음인 것일까? 그렇다면 우린 무슨 꿈을 꾼 것일까?

국정홍보비서관이라고요? 싫어요.

나는 그렇게 오래 비서관 노릇을 한 것도 아니고, 일반적으로 사람들이 상상하는 그런 정무직 공무원 타입도 아니어서 내가 비서관이 된 것은 특이한 사건이라 할 수 있다. 나 자신도 나와 함께 근무한 다른 사람들도 서로에게 적응하는 데 상당히 힘들어했다. 그래서 어쩌다가 일하게 되었는가를 따로 이야기를 좀 해야 할 것 같다.

2004년 7월이었다. 정상문 총무비서관이 좀 만나자는 연락을 해왔다. 무슨 일일까 궁금해하며, 청와대로 들어갔다. 정 비서관이 말하길, "대통령께서 비서관으로 오시랍니다."

나도 모르게 불쑥 대답했다. "싫어요."

정상문 비서관은 "일주일만 더 고민해보고 다시 결정하시면 안될까요?"라고 했다. 고민이 시작되었다.

나는, 어쩌다 노사모를 하고, 어쩌다 개혁당에 들어가고, 그 바람에 또 어쩌다 국회의원 출마까지 하긴 했지만 청와대에서 일하기엔 여러 가지로 부족하고 또 과도한 사람이라고 스스로 생각했다. 근대의 시민이 마땅히 지녀야 할 정치의식은 지니고 있었으나, 정치가 바로서는 데 장애가 되는 여러 가지 문제들에 대한 통찰과 해법을 잘 안다고 볼 수는 없었다. 진보진영의 일원으로서 나는 이상적인 정치이념과 특히 언론개혁에 대한 나 나름의 청사진을 지니고 있었지만, 현실에서 그러한 이상이 좌절되고 굴절되는 매커니즘을 안다고 말하기도 어려웠다. 운동권 출신도 아니고 조직생활의 경험도 많지 않았다. 내가 청와대가 쓰고자 하는 인재 풀에 들어가 있었던 것도 아니라고 알고 있다. 그래서 나를 비서관으로 쓰고자 한 분의 마음을 이해할 수 없었다.

내가 들어가게 된 경위는 이렇다. 2004년 7월 청와대 홈페이지에 어떤 네티즌이 당시 박근혜 한나라당 대표를 조롱한 패러디 합성사진을 게시했다. 홈페이지를 관리하던 국정홍보비서관이 한나라당의 공세에 밀려 보직에서 물러나자, 노무현 대통령이 나를 그 자리에 데리고 오라고 했다는 것이다. 그 얘기를 듣자 더 헷갈렸다. 홈페이지 기반 국정홍보라니, 도무지 무슨 일을 하는 것인지 가늠이 안 섰다. 내가 조언을 구한 대부분의 사람들이 비서관으로 가는 것을 일종의 출세라고 생각하는 것도 마음에 걸렸다.

그때 이런 조언을 해준 유력정치인이 있었다. "대장이 오라면 가야지. 얼마나 외로우면 들어오라 하시겠나." 정말로 외로운지 어떤지는 내가 알 리가 없다. 수많은 참모들과 함께 매일매일 전쟁하듯 일하고 있는 분이 외로울 리도 만무다. 그러나 탄핵 직전 "기득권의 바다 위에 뜬 돛단배 하나"라고 했던 그분의 비유는 늘 마음을 괴롭히는 말이었다.

나는 청와대에서 오라 하기 전 '서프라이즈' 사이트에서 만들고 있던 '데일리서프라이즈'라는 인터넷신문의 논설위원으로 가기로 약속한 상태였고, 다양한 매체에다 파병이나 한진중공업사태, 부안사태 등에 대해 강도 높은 비판을 이어가던 소위 '논객'이었다. 어찌 보면 참여정부의 청와대에 들어가기엔 나는 좀 지나치게 '좌파'였을지도 모르겠다. 게다가 지나치게 '선명'하기까지 했다.

실제로 내가 비서관으로 내정된 일은 뉴스거리였고, 상당수 언론이 "안티조선의 대모 비서관 되다"라는 식의 제목을 뽑았다. 조선일보를 필두로 한 언론과의 갈등은 참여정부 초기부터 운신의 폭을 대단히 좁혀놓는 일이었기에, 이때문에도 과연 내가 가는 게 적절한가 하는 의문이 떠나질 않았다.

남들 보기에 황당한 일은 또 있었다, 비서관으로 내정발표가 나면 사전근무를 좀 하는 것이 관례였다. 일반적으로 한 달 정도를 요즘말로 하면 열정페이를 하는 것이다. 그런데, 개혁당 출신 당 중앙위원이던 나는 진성당원의 자격을 결정하는 투표를 앞두고 한 표가 아쉬우니 중앙위원회 회의가 끝난 다음 출근하겠다고 했다. 청와대에 발을 내딛는 순간 당적을 버려야 했기 때문이다. 그래서 나에 대한 내정발표는 근무가 결정되고 난 다음에도 상당히 늦어졌다.

이렇듯 참모로 일하기엔 나는 내 주장이 지나치게 뚜렷한 사람이었다. 대통령의 평소 인사원칙이라 할 수 있는 전문성이라든가 업무능력 같은 것이 나를 발탁한 이유가 되기도 어려웠고, 그렇다고 내가 노무현에 대한 충성심이 남달랐는가 하면 그것도 아니었다. 그런 나를 노무현 대통령은 왜 비서관으로 데리고 가고 싶었을까?

어쨌거나 가겠다고 한 다음 노무현 대통령을 처음 만난 건 외교부 건물에 있던 집무실에서였다. 그분은 내 얼굴을 보자마자 앞으로 무슨 일을 어떻게 하라던가 하는 말은 전혀 없이, "우리 사회의 가장 심각한 문제가 뭐라고 생각해요?"라고 물었다. 어버버 하고 있는데 "나는 양극화라고 생각해요"라는 말이 이어졌다. 홍보비서관으로서 해야 할 일의 큰 줄기에 대해 들은 것은 그로부터 시간이 제법 지나 사전근무란 것을 시작한 뒤였다.

이 장면은 내가 청와대에서 했어야 하는 일을 집약해서 미리 보여준 장면이다. 노무현 대통령은 대통령이 되기 전 사회의 변화를 공론을 통해 이끌 수 있는 자리가 대통령이라 생각한다고 했다. 낡은 시대가 한계를 드러내고 있음을 예민한 지성은 감지하는데 세속의 감성은 아직 관습에 젖어 있을 때, 새로운 담론을 통해 변화를 준비하는 것이 지식인들의 책무여야 한다. 노무현은 그 지식인들의 대열에 대통령직이 놓일 수 있다고 믿었다. 이 생각이 대통령다운 것인가와는 별개로, 사회가 변화해야 할 방향을 국가의 이름으로 제시할 수 있을까를 그는 늘 고민했다. 양극화에 대한 대통령의 말씀을 들으면서, 홍보비서관은 그러한 대통령의 고민을 가장 잘 전달하는 유능한 스피커가 되어야만 하나 보다, 라고 막연히 생각했다. 그러니까 유능한 스피커란, 정책이 아니라 정책 뒷면의 가치관을 전달하는 사람, 더불어 잘 사는 '사람사는 세상' 이라는 비전의 전파자.

그런데 나의 시작은 참으로 미약했다. 첫 대면에서부터 나는 가지고 있던 스케줄달력 뒷면에다 폭포수처럼 쏟아지는 대통령의 말을 받아적기 시작했다. '아이고, 이게 아닌데?' 라고 생각하기는 했지만 반성적으로 사유할 틈이 없었다. 양극화라는 말을 생전 처음 들은 청년처럼 그는 열성적으로 이 말의 의미와 우리 사회의 현상들이 단순한 빈부격차가 아니라 양극화 현상임을 설명했고, 자신이 깨달은 것들을 쏟아놓았다. 첫 대면에서 나를 수첩공주로 만들어버린 노무현 대통령이었다. 지금 생각하니 우습기까지 한 장면이다.

글쟁이로서 낙제하다

들어가고 나서도 문제는 계속되었다. 비서관으로서 대통령이 지시하는 글을 써낼 수 없는 것이 문제였다. 내 소신이나 주관과 대통령의 방향이 달라서뿐 아니라, 국정홍보비서관이 갖추어야 할 국정에 대한 기본정보나 지식이 몹시 부족한 나 자신을 계속 발견하게 되는 것이 괴로웠다. 홍보맨의 어법을 갖추기도 힘들었다.

국정홍보비서관실은 청와대에서 가장 규모가 큰 비서관실이었다. 다른 실보다 심하게는 세 배 이상 많은 인원이 근무했고 전혀 다른 업무들이 인터넷을 매개로 한다는 이유로 한데 모여있기도 했다. 청와대발 일일신문이라 할 수 있는 청와대브리핑, 홈페이지관리업무, PCRM(정책홍보서비스), 대통령 내외의 공식일정 동영상 촬영 및 관리, 다른 비서실의 인터넷 홈페이지 구축 업무 지원, 대통령에게 오는 이메일 관리, 심지어 브리핑을 발간한다는 이유로 각 비서관실의 문건을 윤문교정하는 일도 간간이 했다. 나중에는 각 행정부처의 홈페이지에 대한 모니터링도 업무에 추가되었다. 대통령이 후보시절부터 함께 일한 직원들이 많이 포진한 비서관실이기도 했다. 업무 파악에만도 상당한 시간이 걸릴 터인데, 들어가자마자 바로 지시사항이 떨어지는 것이다. 정말로 최선을 다해, 홍보비서관의 신체를 갖추어야만 했다. 싫어요? 아니, 싫어할 틈도 없었다.

그러던 와중에 심각한 사건이 터졌다. 이른바 '남핵파동' 이란 것이다. 내가 비서관으로 근무를 시작하기 직전 2004년 8월 초 발생한 이 사건은, 우리나라가 핵개발 의혹에 휩싸여 유엔 안보리에 회부될 뻔 했던 사건을 통칭하는 말이다. 국민들에겐 어떻게 받아들여졌을지 모르나 한국정부로서는 사활을 건 외교전을 펼치지 않을 수 없었던 사건이다.

개요는 간단하다. 국제원자력기구(IAEA)와 추가 협정을 맺었던 우리나라는 2004년 8월에 핵 관련 실험과 관련된 모든 데이터를 보고할 의무가 있었다. 그때, 일부 과학자들이 핵 물질 농축 실험을 한 사실을 보고서 제출에 임박해서 정부에 알렸다. 정부의 잘못도 아니고 과학자들의 학문적 관심에 따른 극미량, 겨우 0.2그램의 핵물질 농축실험이었지만, 당시 미국이 주도하던 IAEA 이사회는 한국을 유엔 안보리에 넘기겠다는 것이다. 이 문제 앞에서 심지어 국내언론조차도 현정부를 공격하기에 여념이 없는 희안한 상황이 벌어졌다. 북

핵문제로 골머리를 앓던 우리 정부로선 설상가상의 위기에 빠진 셈이었다.

그런데, 문제는 나에게 이 사안과 관련한 글을 쓰라는 것이다. 주제도 주어졌다. 노무현 대통령은, [핵의 평화적 이용에 관한 4원칙]을 관계장관 회의를 통해 발표하게 하는 한편, 이 중대한 외교적 문제를 국내정치에 이용하는 국내언론과 야당을 향해 반박글을 쓸 것을 주문해온 것이다. 그는 특히 침묵하는 지식인들과 적반하장격인 일본의 태도에 몹시 분노했다. 나를 따로 불러 이렇게 설명했다.

"이미 한국은 비밀리에 핵개발을 할 수 있는 나라가 아니다. 과거의 잘못으로 말미암아 신뢰를 잃은 것은 사실이나, 국민은 평화제제에 대한 지향이 확고하고 국민을 속이며 핵개발할 수 없다. 과학자들의 연구까지 막는 것은 과도하지 않은가?"

"일본은 핵폭탄의 직접피해자이기는 하지만 근본적으로 전범국가라는 원죄를 안고 있다. 따라서 일본은 재무장을 금지하는 평화헌법에 의하여 국제사회의 견제를 받아야만 했다. 경제적 부강함에도 불구하고 세계평화를 위한 몫을 군사적으로 담당해서는 결코 안된다는 것은 일본이 지녀야 할 인류에 대한 최소한의 예의요 의무다. 그런 일본이 무려 5톤이나 되는 농축 우라늄을 소유하고 있으면서도 한국의 0.2g 추출실험에 대하여 목소리를 높인다는 것은 우리 국민의 감정을 심하게 자극하는 일이 아닐 수 없다. 더구나 일본이 상임이사국까지 되려 하는데 이에 대하여 국내언론뿐 아니라 지식사회조차 아무런 문제의식을 보여주지 않고 있다."

나는 그야말로 패닉에 빠졌다. 한반도비핵화공동선언이니 IAEA니, 평소 관심가지던 주제가 아니었다. 더구나 나는 글을 쓸 때 숙려 기간이 필요한 사람이다. 하루 반나절이라니!

그래서 탄생한 글은, 청와대 발 문건이라기보다는 개인논객 노혜경의 글이었다. 이 글은 대통령께 보고되지 못하고 이병완 홍보수석 선에서 적당히 사라졌다. 이 수석은 그 글을 읽더니 껄껄 웃으며, "없었던 걸로 하자"라고 했다. 비서관이 된 뒤 첫 번째 낭패였다. 그 일로 나는 국정홍보란 것이 얼마나 많은 공부를 필요로 하는 일인가를 절감했다. 가치관과 그를 뒷받침할 지식을 무서울 정도로 촘촘히 점검하지 않으면 안된다.

입사 한 달도 안돼 사직서를 써? 아님 오기를 부려 공부란 걸 해봐?

이때의 경험이 청와대 브리핑을 비롯한 청와대 발 기사들을 기명기사로 바꾸어야겠다는 결심을 하는 계기가 되었다. 내가 아무리 잘 써도 대통령의 생각을 대신하거나 대변할 순 없다. 대통령이 최종적으로 교정을 보는 연설문이나 성명과 달리 브리핑 기사는 글을 쓰는 기자의 인식보다 더 깊이 쓸 순 없다. 더구나, 글쟁이들이란 '내 생각이다'가 얼마나 중요한 존재들인가. 공동체의 말을 하기로 스스로 언약한 정치인에게도 안 쉬운 일이다. 시인도 공동체의 말을 한다지만, 그 경우는 극진한 개인성을 통해 보편으로 가는 것이다. 정치인이 되도록 보편을 먼저 챙기는 것과는 경로가 다른 것이다. 마지막에 만날 뿐.

나는, 청와대브리핑의 주간 노릇을 과연 할 수 있을까?

이 사건은 그러나 반드시 아픈 경험만은 아니었다. 전혀 당파적일 수 없어야 마땅한 IAEA 핵사찰 문제를 둘러싼 여러 언론들, 정치적 정파들, 운동단체들의 주장과 공격을 살펴보고 논리를 점검하는 동안 배운 것이 많다. 당시는 불명확했지만, 우리나라 정치언어는 단일한 모국어가 아니라 이해관계와 정치적 입장에 따라 거의 통역이 필요한 수준의 서로 다른 언어영역에 있다는 것이 막연히 감지되었다. 오랜 기간 동안의 권언유착이 만들어놓은 독특한 권력언어와 그에 맞서는 시민사회의 언어가 혼재되고, 정권교체와 재창출의 경험이 가져온 진영논리가 서서히 싹트던 무렵이었다. 이 문제는 앞으로도 오랫동안 나의 과제가 될 것 같다.

월권 하지 마세요!

아니나 다를까, 나는 은근히 사고뭉치 비서관이었다. 나는 비서관이 된 다음 소위 말하는 독대란 것을 단 한 번도 청하지 않았다. 대신 대통령이 나를 따로 부른 일은 있다. 매주 가던 부산을 격주로, 나중엔 한 달에 한 번 겨우 내려갔다. 가족은 부산에 있고 나혼자 서울에 와서 살던 때였다.

홍보수석이 바뀌고 얼마 되지 않은 어느 일요일, 늦잠을 자고 있는데 남편이 전화기를 가져다 준다.

"청와대래."

"으응? 왜? 무슨?" 하며 받아든 전화기 너머에서 들려오는 음성은 노무현 대통령이었다.

"내요. 어디요?" 나는 여전히 눈도 못뜬 채로 꽉 쉰 목소리로 대답했을 것이다. "부산요. 집에 왔어요." "아 그럼 안되겠네?" "왜요? 무슨 일 있으세요?"

"아니, 어디 가자 하려고… 됐어요." 전화를 끊고 나는 다시 잠에 빠졌다.

그 다음날 출근하여 수보회의에 들어가니 윤태영 부속실장이 묻는다.

"어제 VIP께서 전화하셨다면서요?"

"예." 표정이 묘해진 윤 실장은, 잠시 생각하더니 말했다.

"오늘 내일은 일정이 있어서 안되겠고, 모레쯤 점심일정을 잡을 테니 그리 아세요."

"왜요?" "뭔가 하실 말씀이 있으셨나 봅니다." 그제야 나는 내가 큰 실수를 했음을 깨달았다. 그런 전화를 받았으면 그길로 비행기 타고 상경을 했어야 하는 게 비서관이란다. 게다가 근무시간을 피해 나에게 따로 하고 싶은 이야기가 있었으리란 생각을 하지 못했던 것이다. 그날 오후에 뉴스를 보니 대통령 내외께서 리움미술관 개관 전에 특별관람을 하셨다. 나를 거기 같이 가자 하려고 부르려던 건가 보다, 나의 나이브한 생각은 그쯤에서 머물렀다. 비서관이 된 지 제법 오랜 시간이 흘렀어도, 그런 걸 제대로 못해내고 있었던 것이다. 한마디로 권력의 작동방식에 대한 무지는 잘 깨어지지 않는다.

막상 점심식사에서 만난 노 대통령은 다짜고짜로 이렇게 말했다.

"노 비서관이 자기 소관업무가 아닌 일에 지나치게 월권을 한다는 말이 있어서…"

"아니 누가 그런 말도 안되는 이야기를 합니까?"

"어허이, 누가라고 물으면 내가 말을 못하지."

"감이 안 잡혀서요. 무슨 일을 두고 하는 이야기인지…"라고 하다가 나는 문득 몇 가지 사건들이 기억이 났다.

2005년 프랑크푸르트 도서전시회에 우리나라가 주빈국으로 초대되었다. 그 준비를 교육문화비서관실에서 하고 있었는데, 아무래도 교육에 치중한 비서관실이라 내 마음엔 준비가 대단히 미흡해 보였다. 그래서 내가 들어가고 있던 P.I.회의(President Imagination이라 하기도 하고 President Identification이라 하기도 한 약어를 사용한 이 회의는 대통령의 모든 것이 회의 주제였다)에 일단 보고를 하고, 사회정책수석께 제안하여 TF팀을 만들고 거기 끼어서 조직위원회를 닦달하던 중이었다. 2005년에는 마침 베를린에서 프랑크푸르트전시회 기간과 겹혀 베를린 아태주간이 제정되고 독일이 2005년을 '한국의 해'로 선포하기도 했으므로, 이 세 가지를 따로 볼 것이 아니라 연결을 시켜 대대적인 한국홍보를 하자는 것이 내 생각이었다. 아태주간 기간에 대통령내외분이 독일을 방문하는 한편 유럽에 한국문화를 소개하는 기회로 삼자고 주장했다. 베를린 평화선언 같은 것을 기획할 수도 있다고 보았다.

"그 일을 말씀하시나요?" 아니란다. 오히려 "그런 일도 해?" 라며 좋아하신다. 또 다른 일들을 몇 가지 자백했으나 다 아니란다. 권장할 일들이란다.

나의 다소간 튀는 언행이 다른 비서관들을 불편하게 했나보다, 라고 대통령은 정리해 주셨다. 그러면서 당부하기를, "각별히, 양보하며 일해주시오."

아, 뭐를 잘못했길래? 정말 답답한 일이었다. 하지만 그날의 독대에는 수확도 있었다. 나는 청와대 홈페이지가 좀더 기능적으로 유용했으면 하는 생각이 있어, 청와대브리핑을 폐지하고 싶어했다.

나는 청와대 홈페이지를 개편하고 싶다는 뜻을 말씀드렸다. 매일 발행하던 청와대브리핑을 주간으로 바꾸고 장차는 폐지한다는 구상이었다. 대신 홈페이지와 브리핑 기능을 유기적으로 결합시켜 홈페이지에 방문하면 대통령의 모든 것을 다 찾아볼 수 있게끔 하려는 것이다. 스나이퍼 대 항공모함. 홈페이지의 개편방향을 나는 항공모함이 되는 것이라 불렀다.

청와대브리핑은 인수위 시절부터 발행하던 인수위브리핑을 계승한 일일뉴스매체다. 공식 홈페이지 안에 따로 페이지를 운영했다. 현안에 대한 청와대의 방침과 의견말고도 대통령 및 국정수행과 관계된 언론보도를 바로잡고 반박하는 일도 주요업무였다. 청와대 안에서 가장 글 잘 쓴다는 행정관들이 몇 명이나 이 일에 매달렸다. 다른 실에는 1~2명 정도 있는 3급 행정관이 우리 실에는 여럿이었다. 그런데도 일손이 부족해서 총무비서관실에 인력을 충원해달라고 계속 민원을 넣기도 했다.

나는 기사형 글쓰기에 익숙하지 않고 글 하나 쓰는 데 지나치게 공을 들이는 사람이라 기사의 논조와 대응할 내용만 결정하고 대개 행정관들이 썼는데, 차츰 익숙해지자 대통령과 의견이 갈리는 일이 생기기 시작했다. 방법적 이견이 발생한 것이다.

예를 들면, 문화일보에 아주 고약한 논설위원이 있었다. 정말 시시할 정도의 꼬투리로 모욕적인 글을 써대는데, 기분나쁜 것은 고사하고 요즘 말로 하면 거의 '가짜뉴스'의 문턱에 가 있는 글이었다. 팩트를 문제삼는 것이 아니라 정쟁을 야기하기 위한 목적임이 눈에 보일 정도였다. 나는 브리핑에서 이런 기사를 직접 반박하는 일보다는 언론보도의 올바른 태도가 아님을 강조하고 실제상황을 해명하는 선에서 그치는 것이 효과적이라고 생각했다. 대통령을 상대로 모욕하는 일에 맛들인 언론, 참담하지만 그때는 그랬다. 개별 기사에 맞대응하는 일은 피하는 것이 훨씬 낫다고 생각했다. 한편으로는 이는 언론운동진영의 불만을 자주 접한 탓이기도 했다. 퇴근 후 만나는 언론운동 관계자들은 이구동성으로 언론운동이 할 수 있는 일을 좀 남겨달라고 말하곤 했다. "대통령이 직접 맞짱을 뜨면 우리가 흡사 청와대와 작당한 것같이 느껴진다"는 것이다. 공정거래위원회가 제대로 일하게 해주기만 해도 한결 나았을 것이다. 악의적 오보에는 언론중재위원회 제소라는 다른 방법도 있었다.

그러다보니 홍보수석이나 때로 제1부속실장이 특정 기사에 대한 반박글을 꼭 써달라는 주문을 따로 해오는 일이 생기기도 했다. 대통령은 시민운동으로서의 언론운동과 청와대의 대응은 달라야 한다고 여겼다. 홍보가 오보에 대응하는 일은 아니라고도 말씀하시곤 했다. 홍보란 궁극적으로는 청와대의 생각과 정책을 알리고 언론문화를 바꾸어내는 일이라고. 하지만 실제상황은, 막상 브리핑 기사들이 오보나 악의적 왜곡보도들에 대해 조목조목 반박하고 바로잡는 내용으로 상당 부분 채워졌다. 오해는 반드시 해명하는 것이 좋겠다는 대통령의 의지가 작용하는 것이다. 언론은 이런 반박기사에 대해 흡사 그것이 대통령 자신의 직접 해명이라도 되는 양 또 말꼬투리를 잡기 일쑤였다.

내가 들어갔을 땐 나중에 비서실장이 된 이병완 수석이 홍보수석이었다. 이병완 수석은 청와대브리핑에 대한 나의 계획에 크게 간섭하지 않았다. "수석비서관도 비서관이에요. 총괄책임을 수석이 진다는 것이지 국정홍보비서관실의 업무는 노 비서관 소관이에요. 하고 싶은 대로 일단 하세요" 라고 일관되게 말했다. 이런 수석을 믿고 경천동지할 계획을 세운 것이다. 홈페이지를 개편하여 초기화면을 활용하면 된다는 것이 내 계획이었다. 그렇게 되면 불필요한 정쟁을 조금 피하면서 좀더 긴 호흡으로 갈 수 있을 것이다. 행정관들의 업무 부담을 좀 덜어주고 싶은 생각도 있었다. 매일 발행하는 브리핑의, 마감이 있는 글쓰기가 주는 긴장은 엄청났다. 다른 정책실에서 외부로 나가는 문건을 손질하는 것도 우리의 업무에 속했다. 대통령 연설문을 제외한 글쓰는 일은 몽땅 우리 실 차지라 하면 과장이겠지만, 글쓰는 일이 지닌 특수성 때문에, 행정관들은 늘 피곤에 쩔어 있었다.

참여정부를 둘러싼 언론환경은 별로 좋지 않았다. 기자들의 비서동 출입을 금지하고 브리핑룸을 운영하는 방식으로 취재환경을 바꾸고, 인터넷 언론들에게도 춘추관 상주를 허가했다. 언론사와 청와대 사이에 존재하던 적당한 사적 공간이 많이 사라져 버린 것이다. 동시에 특권도 많이 사라졌다. 오보에 대한 언론중재위 제소 방식의 대응은 합리적이긴 하나 언론사와 청와대의 거리를 좁혀주진 않았다. 이런 상황에서 수많은 오해와 곡해들에 대해 청와대브리핑을 통해 해명하고 알리려는 마음이 드는 것은 당연하다. 나 또한 과거처럼 공사가 뒤섞인 인맥을 통한 정보 주고받기가 좋다고는 생각하지 않았다. 참여정부의 언론정책은 근본적으로는 건강하고 반듯했다고 생각한다. 당연하고 정상적인 언론과의 관계설정이다. 다음 장에서 따로 설명하겠다.

그러나, 과거로부터 너무 빨리 탈출하는 것이 주는 부작용과, 노무현 대통령에 대한 다양한 층위의 반감 등이 언론과 청와대 사이에 있었다.

언론과의 유착도 문제지만 지나치게 적대적 관계가 좋을 것은 없었다. 청와대브리핑은 내가보기에, 매일매일 언론사들에게 물어뜯을 식량을 제공하는 측면이 있고 반면에 일일브리핑이란 형식때문에 기사거리로는 미흡한 글도 내보내야 하는 애로가 있었다.

그래서, 장기적으로는 홈페이지 자체를 웹진 형식으로 운영하며 초기화면을 활용한 보도를 하기로 하고, 일단 일간 브리핑을 주간으로 바꾸는 일을 하겠다고 대통령께 말씀드렸다.

다음으로는, 청와대브리핑의 무기명 기사를 기명기사로 바꾸기로 했다. 청와대브리핑은 청와대에서 외부로 나가는 대통령과 관련된 정보 중에 기자의 프리즘을 거치지 않고 전달되는 유일한 매체였다. 대변인과 청와대브리핑, 이 두 가지가 공적인 내부정보였다. 이때 대변인 제도는 오래 운용한 제도라 기자들이 어디까지가 대통령의 말씀이고 어디서부터가 대변인의 생각인가를 구분하고, 질문도 그렇게 한다. 그러나 청와대브리핑에 대해서는 고의성이 느껴질 정도로 대통령의 말씀과 동일시를 해버리는 경향이 있었다. 아무리 애를 써도 젊은 행정관이 대통령의 생각과 눈높이에 가기는 어렵다. 그럼에도 이런 빤한 것을 애써 무시하고 모든 문장을 노무현의 것으로 만들어버리는 일에 대해, 고민이 깊었다. 그래서, 실명기사를 쓰자, 라고 방침을 정했다. 대통령도 청와대브리핑에 정책실 사람들이 기명으로 글을 쓰기를 바라고 있었으므로 어려운 일은 아닐 것이라고 생각했다. 실제로는 기명으로 글을 써줄 사람들을 찾아내고 설득하느라 상당한 시간이 들긴 했지만.

지금 생각하면 대단한 일도 아니다. 그러나 당시 청와대는, 정말로 적대적인 환경, 결코 긍정적으로 이해해주려 하지 않는 언론의 감시망 속에 있었고 그 때문에 모든 참모들이 위축되는 느낌을 받았다. 외부를 향해 말 한 마디 하기가 조심스럽다는 강박이 생길 정도였다. 실명으로 글쓰기는 막상 익숙해지면 그런 강박을 벗어내는 데도 일조를 할 수 있을 것이었다.

하지만 정작 실천하는 것이 쉽지 않았다. 가장 큰 장애는 청와대 브리핑에 대한 대통령 자신의 애착이었다. "나의 유일한 무기인데, 그걸 없애면 무얼 가지고 말을 하나" 라는 것이 최초의 반응이었다.

이때 이 문제로 대통령과 토론하면서 내 입에서 나온 말이 "월권하지 마세요"다.

비서관이란, '관' 자를 붙여서 그렇지 비서 아닌가. 대통령이 가장 애착을 지닌 시스템에 대해 "제 소관이니 제 계획대로 하겠습니다"라고 말하는 비서관이 참여정부엔 있었다!

그런데, 조금 변명을 해야겠다.

인터넷 홈페이지를 어떤 식으로 만들고 싶은가에 대한 대통령의 관심은 좀 남달랐다. 이지원 시스템에 대해서처럼 일일이 회의하고 토론하고 하는 정도는 아니었지만, 이런 코너를 신설해보자, 이런 방식으로 바꾸어보자 등등의 지시가 끊임없이 있었다. 그런데 그 지시들이 이따금 '그냥 던지는 아이디어'일 때도 있다. 즉 그냥 제안해보는 것이다.

비서관이 된 지 얼마 안되어 지시사항이 하나 내려왔는데, 청와대 브리핑과 별도로 운영하고 있던 다이렉트메일(DM) 홍보를 본격적인 정책홍보시스템(PCRM)으로 발전시켜보라는 것이다. 필요한 일이기는 하지만, 이 일을 담당하던 직원은 한 사람 뿐이었고, 다른 업무에서 사람을 빼서 투입하기도 어려웠다. 그래서 할 수 없이 내가 직접 실무를 보기로 하고 둘이서 이것저것 연구하고 비용을 억지로 타내어 시스템을 구축하는 등 해서, 쌍방향 의견교환이 가능한 방식의 PCRM을 구축했다. 그러느라고 두어 달이 소요되었는데, 이를 보고하자 몹시 흡족해 하시며 이러는 것이다.

"이 정도로 꼼꼼하게 하라는 뜻은 아니었는데…."

하도 고생을 해서 그런지 칭찬으로 안 들리더라는 게 솔직한 심정이다. 그 다음부터는 지시사항이 내려오면 실현가능한 방향으로 역제안을 하여 지시범위를 바꾸기도 하게 되었다.

이런 좌충우돌을 거치며 어금니 네 개를 잃을 때쯤 되니까 청와대 업무에 조금씩 익숙해졌고, 그리하여 청와대브리핑 개편을 시도하게 된 것이었다. 나는 내가 설정한 방향이 겉보기엔 대통령의 뜻과 달라 보여도 실제로는 같은 방향이라고 생각했다.

"월권하지 마세요"라는 비서관의 발언에 대통령은 어떤 반응을 보였나?

"자신만만한가본데 그럼 내기 할라요?"였다. 대통령의 조건은 방문자를 세 배 이상 늘리는 것이었고, 나의 내기조건은 직원을 늘려달라는 것이었다. 그것은 쉽지 않았으므로 내기는 없던 말로 되었다고 기억한다. 하지만 청와대 홈페이지는 내가 청와대를 나온 뒤에도 후임 비서관이 계속 그 방향으로 추진해서 웹진 겸 자료실 형태로 자리를 잡았으니, 잘못된 계획은 아니었다.

국정홍보란 뭘 하자는 일이냐?

이쯤에서 참여정부의 홍보정책에 대한 대략의 소개를 해야겠다. 대체로 비서관 내정되고 나면 곧바로 근무를 시작하게 마련이지만, 나의 정치적 사정 때문에 발표가 미뤄진 이야기는 앞에서 했다.

근무를 시작한 지 한 주일쯤 뒤였던가? 8월 말의 일요일 요즘 유행하는 소위 '보안손님'이 되어 대통령 관저로 안내되어 간 일이 있다. 홍보수석실의 동료 비서관들도 함께였다.

홍보수석실은 내가 들어갔을 무렵에는 홍보기획비서관실, 대변인실, 국내언론비서관실, 해외언론비서관실, 보도지원비서관실, 그리고 국정홍보비서관실로 이루어져 있었다. 언론정책 전반을 관장하는 부서가 홍보기획비서관실로, 대통령의 국정철학을 반영하는 언론관련 업무는 대개 여기서 이루어졌다. 여러 홍보비서관실 가운데 행정부에서 파견된 행정관이 근무하는 곳은 이곳과 해외언론비서관실 두 군데였다. 보도지원비서관실은 춘추관장이 겸했다. 홍보기획을 비롯하여 모든 비서관실이 신문 방송 등 기존의 언론과 관련된 업무를 수행하는 가운데, 국정홍보비서관실만이 다소 독특한 인터넷 기반 홍보업무를 수행하게 되었다.

이날은 노 대통령이 여러 비서관과 함께 나에게 비서관으로서 바라는 바를 이야기하기 위해 마련한 자리였던 것 같다.

"이 사람들이 청와대에서 제일 극렬한 파병반대자들이었어요. 사표 내놓고 반대하더구만."

"섭섭했지, 나라고 그 심정을 모르겠나. 그러나 대통령은 그럴 수가 없는 것이지 않소."

"노 선생도 안에 있었으면 이사람들처럼 나를 괴롭혔겠지? 밖에서 하는 거야 당연하지만."

이런 이야기로 시작한 만남, 정확히는 면담에서 노 대통령의 국정 홍보철학을 설명들었다. 구체적인 업무내용에 대해서는 전임비서관에게 주로 들었다.

당시 청와대는 이미 언론과의 관계가 상당히 긴장상태에 있었다. 참여정부가 출범하면서 그 이전 정부시기까지와 언론과의 관계가 많이 달라졌다. 참여정부는 언론과 청와대의 관계가 시스템에 의해 전개되어야 한다는 입장을 지니고 협조와 견제라는 건강한 관계로 유지하고자 애를 썼다. 갈등을 의도적으로 유발한 것이라 해도 무리가 아니었다. 문희상 초대비서실장의 유명한 "어미가 젖을 떼는 심정"이란 말이 이때 나왔다. 내가 들어갔을 무렵은 이러한 시스템 실험이 약간 자리를 잡고, 탄핵을 거치면서 새로운 관계가 막 형성되어가려는 무렵이었다. 비교적 평화시기에 홍보수석실에 들어간 셈이다.

노무현 대통령은 임기 내내 모든 정책분야, 특히 정치문화가 변화해야 효과를 볼 수 있는 분야에서 시민사회와의 협치를 강조했다. 국정홍보분야에서도 마찬가지다. 제대로 수행되었는가와는 별개로 이와 같은 철학은 눈여겨볼 필요는 있다. 홍보수석실의 언론운동은 사회운동 방식으로 하면 안되고, 그것은 시민사회가 알아서 해야 할 몫이라고 대통령은 자주 강조하곤 했다. 다만 언론문화란 언론만의 것이 아니라 언론에 반응하는 시민의 태도를 포함하는 것이므로, 공무원과 언론의 관계 변화를 통해 관행과 문화를 바꾸어낸다면, 이를 모델삼아 시민과 언론의 관계도 변화하지 않을까. 언론문화개혁이란 그런 것이 아닐까. 이를 위해 언론과 공무원사회의 유착관계를 끊는 것이 중요하다고 노 대통령은 생각했다. 특권을 지닌 사람들은 자신에게 유리하도록 언론과 유착할 수 있고, 결국 이는 권력의 사유화를 용이하게 하는 데로 이어진다. 평범한 사람들의 자존심과 이익은 침해된다. 그러나 유착은 쌍방향이므로 어느 한쪽에서 의지를 지니고 끊으면 유착이 성립할 수가 없다. 결국 노 대통령은 청와대에 대한 취재관행의 변화를 통해 유착의 가능성을 배제하고자 한 셈이다. 이러한 시도를 언론이 적대적으로 받아들인다는 것이 염려스럽긴 하나, 그래도 한 번은 넘어가야 할 고비라고 생각했다.

노무현 대통령은 홍보수석실의 목표가 정부 전체의 언론과의 유착문화를 바꾸는 일이기를 바란다고 했다. 그를 위해 공무원들의 언론에 대한 인식과 반응방법을 바꾸어야 하는데, 방법을 찾아보라는 것이다.

"현재는 유착이 많이 깨어지긴 했지요. 그렇지만 공격도 거세어지고 있어요. 아직 효과적으로 대응할 방법이 없어요. 당하고 넘어가는 수밖에. 뭔가 대응방법을 찾아보세요."

이 일은 주로 홍보기획비서관실에서 수행하였지만, 국정홍보비서관실에서도 나중에 PCRM(청와대 정책홍보시스템)으로 요즘 말로 '팩트체크'를 꾸준히 하는 방식으로 구현되었다. 물론 국정홍보비서관실은 이러한 대통령의 생각을 국민에게 직접 설명하는 창구가 되기도 해야 할 것이다.

대통령의 철학과 국정운영방침을 홍보하는 것 못지않게 정책홍보도 참여정부에서 역점을 둔 분야였는데, 정책담당자가 홍보책임자가 되어 정책을 홍보하게 하자는 방침은 그 방향이 올바름에도 끝까지 제대로 수행된 것 같지는 않다. 참여정부가 시도한 여러 가지 시스템실험, 예를 들자면 '위원회 공화국'이란 말로 비난을 사고 있는 각종 위원회의 설치 이유와 그 의미 등등에 대한 홍보도 국정홍보비서관실에서 해야 할 일들이었다. 그러나 결국 시민사회와 더불어, 또는 공직사회가 선도하여 언론문화를 변화시켜내자는 노력은 끔찍할 정도의 적대감에 직면하는 것으로 끝났다.

큰 줄거리는 이러했으나, 내가 맡았던 국정홍보비서관실 업무는 인터넷 시대로 접어들면서 새로 생겨난 분야였기 때문에, 개척해야 할 일들이 많았다. 여기에 대한 대통령의 관심도 남달랐다.

일이 너무 많아요

다른 수석실도 비슷했겠지만, 홍보수석실도 과중한 업무에 시달리기는 마찬가지였다. 어지간한 비서관이라면 이를 한두 개쯤 뽑고 임플란트를 한다거나, 누구의 원형탈모가 더 큰가를 견주어보는 놀이를 하는 것도 드물지 않은 일이었다. 나만 하더라도 청와대 있는 1년도 안 되는 기간 동안 당뇨에, 고혈압에, 임플란트를 무려 7개나 하는 정도로 건강을 해쳤다. 원래 건강체질도 아닌 데다 장시간 노동과 긴장의 지속이 낳은 결과였다. 우리끼리 만나면 이건 산업재해라고 이야기들을 했다. 특히 비서관들의 일은 시간적으로나 양으로나 진정 재해급이었다.

나의 하루 일과를 특별한 일이 없는 날로 잡아서 한번 살펴본다. 아침 7시경이면 출근한다. 나처럼 아침잠 많은 사람이 어떻게 그렇게 했는지 지금도 놀라울 따름이다. 아침엔 현안점검회의란 게 있는데, 나는 회의 구성원이 아니었다, 그런데 일이 많아 절절매던 홍보기획비서관이, 초보라서 어리버리한 나에게 슬쩍 떠넘긴 것이다. 그런 회의가 두 개나 되었다. 이게 매일 해야 하는 일이었다. 거기에 대통령 주재 공식회의에는 되도록 빠짐없이 배석하라는 대통령 지시가 있었다. 국정전반에 익숙하지 못한 나를 위한 배려였다고 생각한다.

그러나 이는 시간과 정신적 에너지가 엄청나게 소모되는 일이었다. 국무회의 같은 큰 회의는 이지원으로 볼 수도 있었으나 현장 분위기는 또 다른 데가 있으므로, 되도록 가서 들어야 한다. 그러니 오전엔 어떤 회의든 회의에 들어가야 해야 하는 것이다. 현안점검회의가 끝난 다음 식당에서 얼렁뚱땅 아침을 먹고는 수석보좌관회의, 국무회의, 대통령 PI회의 같은 걸 하고 나면 오전이 간다. 때로 국정과제회의가 걸리면 정말 피곤하다.

점심시간엔 식사하면서 사람 만나는 게 일이었다. 사람 안 만나는 점심시간은 유일하게 휴식시간이다. 그러나 짧은 휴식도 밀린 오전업무를 좀 처리하다보면 후딱 지난다.

오후엔 청와대브리핑 마감을 챙기고, 국정홍보비서관실의 고정업무와 그밖의 현안들을 점검하다 보면 하루가 간다. 항상 업그레이드를 해야 하는 홈페이지 관련 업무도 매일 보고를 받아야 할 만큼 많았다. 그런 틈틈이 다른 비서관실의 인터넷 업무를 챙기고 청와대 안의 여러 TF팀에 참여하며 대통령 말씀자료 만들기, 다른 부서의 정책보고서 손봐주기, 홍보해야 할 정책들에 대한 보고서 읽기, 청와대로 몰려오는 이메일 중에 직원들이 1차로 선별한 것들을 또 선별하여 부속실로 보내기, 외부수행을 나갈 때면 동영상팀 챙기기, 공식적인 내용말고도 대통령을 친근하게 보여줄 수 있는 동영상을 선별하여 외부로 내보내 홍보하기 등등 해야 할 업무가 태산이었다. 영부인 관련

홍보업무도 따로 했다. 늘 하는 업무에 대한 보고는 일주일 단위로 하도록 바꾸었지만, 돌발상황들은 어쩔 도리가 없었다. 다행히 우리 부서의 행정관과 행정요원들은 서툴기 짝이 없는 비서관이 업무를 차질없이 수행할 수 있도록 잘 받쳐주었다.

퇴근은 언제 할지 모른다. 사람 만날 약속이 있어야지 좀 일찍 퇴근을 하곤 했다. 네티즌 논객들을 만나는 것이 나의 주업무였지만, 시민사회의 의견을 듣는 일도 나름 열심히 하고자 했다. 쌍방향 홍보가 반드시 지면으로만 할 수 있는 것은 아니기 때문이다. 참여정부에 대한 과격할 정도의 불만을 드러내는 분들에게 당혹스러웠던 적이 많다. 하지만 이때 만난 분들 중 식견과 필력이 있는 분들을 중심으로 홈페이지모니터링단을 구성하기도 했다. 대체로 생맥주집에서 만나다보니 맥주에 취미가 생겼다.

당시 응급외상센터를 만들고자 하는 분들이 연락을 해와서 곽홍 박사를 비롯한 의료계 사람들을 만날 일이 좀 있었다. 최근 인기있었던 드라마 〈낭만닥터 김사부〉에 등장한 바로 그 응급외상센터의 설계자로 꼽히는 곽홍 박사다. 이분들은 내가 "경희궁의 아침 4단지 1층 광화문연가에서 봅시다" 하면 "그런 식당이 안 보입니다"라고 헤매곤 했다. 그럴싸한 한정식집을 찾아헤맨 것이다. '광화문연가' 는 어묵탕과 생맥주를 파는 소박한 집이었다. 와서는 "비서관을 이런

데서 만나는 건 처음입니다"라고들 했다.

응급외상센터 건립과 관련해서 사회정책수석께 보고를 하고 김근태 당시 보건복지부장관께 곽홍박사를 소개하는 등 애는 썼으나, 실현되는 것을 보기까지는 오래 걸렸다. 거의 2012년도 즈음에야 권역외상센터가 설치되었다고 알고 있다.

그런 가운데 어느날, 사건이 터졌다.

노무현 대통령은 정부혁신에 관심이 많았다. 청와대에도 이지원이라는 시스템을 구축하여 업무의 처리를 투명하고 원활하게 할 수 있게끔 만들려 했고, 이 시스템의 발전을 위해 많은 노력을 기울였다. 그날은 이지원 기반 혁신을 주제로 넥타이 풀고 회의 하자며 비서관 회의를 소집한 날이었다. 그런데 가는 날이 장날이라고, 이상할 정도로 모든 비서관들이 피로에 쩔어 있었다. 더구나 격주로 쉬던 휴무일인 토요일이었다.

회의는 대통령이 기대한 대로 잘 흘러가지 않았다. 국무회의를 주로 열던 청와대 본관 세종실에서 열린 비서관회의에서 쏟아진 말들은 대부분 대통령의 생각을 되풀이하거나 칭송하는 데 머물렀다. 혁신이라기엔 이름답지 않은 풍경이었다. 심지어 꾸벅꾸벅 조는 비서관도 간간이 보일 지경이었다. 그러다가 한 비서관이 대통령의 지명을 받고는 이렇게 말했다.

"일을 좀 줄여주시는 게 혁신의 지름길입니다."

어색한 침묵이 흘렀다. 대통령이 갑자기 나를 지명하여 말을 시켰다. "노 비서관은 어떻게 생각하나?"

눈치없던 나는, 기회는 이때다 하고 이지원 시스템에 대한 나의 불만을 늘어놓기 시작했다.

"이지원은 대통령 한 사람에게만 좋은 도구입니다. 저만 하더라도 다른 비서관실에서 올리는 보고서를 볼 수 없기 때문에 제대로 홍보를 할 수가 없습니다. 9급 행정요원까지 대통령께 직보를 할 수 있는 시스템이란 건 좋습니다만 위에서 보면 다 보이는데, 비서관실 사이엔 격벽이 있어요."

평소 수평적 네트워크를 강조하던 대통령에게 대놓고 소통이 안 된다고 말한 셈이었다.

"그리고 보고서 양식도 문제입니다. 개조식으로 쓰라 하시는데, 한 달만 지나도 행간에 무슨 말이 숨어 있는지 모르게 되기 십상입니다. 보고받을 당시는 대통령께서 제반 정보를 다 알고 계시니 상관없지만, 조금만 시간이 지나도 기억력의 한계에 부딪칠 수 있습니다. 맥락을 삭제한 문장은 위험합니다. 보고서를 서술식으로도 받아야 합니다. 제3자가 읽어도 진위를 가릴 수 있게요."

한 페이지 보고서니 한 페이지 제안서니 하던 게 대유행하던 시절이라, 대통령도 간결명료하게 보고서를 쓰라고 강조하곤 했다. 사실 모든 보고서를 서술식으로 쓰면 분량이 많아져서 읽어내기도 어렵긴 하다. 그러나 맥락주의자인 내겐 그 위험성이 지나치게 보였다. 보고서를 읽고 국정홍보를 위해 홈페이지에 소개하는 업무가 내 소관이었기 때문에 생긴 염려였다. 개조식으로 보고서를 써보면, 보고내용의 취사선택과 문장화 과정에서 그야말로 편집과 배열의 마술이 일어난다. 딱 보면 보이는 과학기술보고서와는 다르다. 여기까지만 말했더라면 좋았을 텐데, 덧붙였다. 아니 덧붙였다고 남들이 내게 말해주었다.

"저도 보고서 딱 두 개 썼는데, 머리에 쥐가 날 지경이에요."

이렇게 해서 청와대 들어간 뒤 두 번밖에 못 본 대통령의 노기폭발 장면을 보게 된 것이다. 또 한 번은 앞에 말한 공공임대주택 사건이다.

"이 사람들이 말이야, 회의 하기 싫었으면 처음부터 하지 말자 할 내기지, 머리에 쥐난다는 소리나 하고. 쥐가 뭐요 쥐가!"

나는 멍하니, 내가 그랬나? 하고 있을 수밖에 없었다. 결국 그 회의는 파토가 나버렸고, 대통령과 함께 점심을 하기로 되었던 일정은 우리끼리 점심 먹는 걸로 되었다. 나는 악단까지 불러서 하려던 파티에서 마이크 잡고 사과를 하였다. 사람들은 "드디어 비서관이 되었어요"라고 비난인지 칭찬인지 모를 이야기들을 하며 나를 위로하기까지 했다.

실제로 대통령께서 화가 난 건 아마 "일이 많다"라는 말때문이었을 것이다. 말이야 바른 말이지, 일로 치면 청와대에서 가장 일을 많이 하는 사람은 대통령 자신이다. 하지만 한편으로는, 지시를 이행하고 평가를 받아야 하는 비서관업무는 당사자들에겐 엄청난 스트레스이기도 하다. 특히 자신의 꿈을 지니고 청와대에 들어온 비서관들에겐 좀더 그랬다. 그 벼락을 내가 다 뒤집어썼다.

이 일은 이렇게 마무리된다.

그 다음주 월요일 수석보좌관회의에 들어온 노 대통령이 나를 바라보며 말씀하셨다.

"지난 주엔 내가 컨디션이 안 좋아서 여러분에게 실례를 했어요. 미안합니다."

노 대통령이 사과하는 일은 사실은 드문 일도 아니었다. 사과라기보다 휴무일까지 일을 지나치게 시킨 데 따른 미안함을 표시한 것으로 보아야 하지만. 직접 사과를 받으니 기분이 참 묘했다.

이날부터 나는 다른 비서관실의 보고서를 이지원에서 열람할 권한을 부여받았다. 그리고 보고서에는 속성카드라 하여 그 보고서가 만들어지기까지의 과정을 첨부하여 이력과 맥락을 살필 수 있는 기능이 한층 강화되었다. 보고서를 정리하여 홈페이지에 게시하는 일도 좀 수월해졌음은 물론이다. 크고 작은 회의에서 제기되는 문제들

은 끈질긴 토론을 통해 변화하거나 시정되기도 하지만, 나처럼 생뚱
맞은 방식으로 해결되기도 했다.

조금 다르긴 하지만 에피소드는 또 있다. 국정홍보비서관실은 인
터넷과 관련된 모든 업무를 총괄하고 있었으므로 청와대로 오는 이
메일도 모두 우리실에서 처음 보게 된다. 신문고를 관리하는 민원제
안비서관실에 들어오는 글과 달리 그냥 '팬심'이 묻어나는 편지가
대부분이었다. "대통령 할아버지 안녕하세요?"로 시작하는 초등학
교 저학년들의 편지부터 우리 동네에 한 번 들러달라는 노인들의 편
지까지 참으로 다양했다. 대부분의 편지는 내용을 요약하여 이지원
으로 부속실에 보내고 우리 실에서 답장을 썼다. 그러나 중요하다 생
각되는 편지는 직접 읽으시라고 전문을 보냈는데, 어느 날 대통령께
서 그 편지 중 하나에 답장을 직접 하시겠다는 거다. 정부혁신에 대
해 문제제기를 한 어느 공무원에 대한 답장이었다고 기억한다. 당사
자는 엄청나게 감동을 했고, 나는 신이 났다. 그래서 편지를 가려뽑
아서 꾸준히 올려보냈다.

그랬더니 어느날 대통령이 그러시는 거다.

"내가 어떻게 모든 편지에 일일이 답을 해요? 좀 걸러서 보내줄
수 없겠소? 나도 쉬어야지."

바람 잘 날 없던 정부, 너무 짧았던 평화, 그리고 사표

참여정부 내내 편한 날이 없었지만, 내가 있던 동안에도 굵직굵직한 사건들이 터졌다. 그 직전의 탄핵에 비할 바는 아니었지만, 앞서 말한 남핵파동도 그러했거니와, 신행정수도 위헌판결, 저 유명한 관습헌법 사건이 내가 들어긴 지 두 달도 못 되어 일어났다 그럼에도 2004년 가을에서 2005년 봄 사이는 비교적 평온한 시기였다. 선거도 없고 대통령이 해외순방을 집중해서 다니느라 국내에 없었더니 언론이 조용해서였던가 싶다. 성과가 엄청난 해외순방에 대한 국내언론의 관심이 너무 초라해서 속상했지만, 그 시기는 청와대브리핑도 마음놓고 대통령 홍보에 열을 올릴 수 있었던 시기다. 언론을 제대로 읽는 시민의 각성이 언론문화를 바꾼다는 우리의 인식에 대한 공감대를 어떻게 넓힐 것인가. 이런 고민도 많이 하고.

물론 놀랄 일이 없진 않았다. 부시 대통령과의 회담을 앞두고 LA에서 했던 북한관련 발언(L.A. 발언)의 파장은 상당히 컸다. 그러나 퇴임 후 노무현 대통령은 작은 나라의 대통령으로서 자주외교를 펼쳐 자기 나라의 위엄을 지킨 외교 잘하는 대통령이라고 외신이 평가하기도 했다. 민주주의에 공헌했다는 명목으로 영국 국빈방문을 하게 되었을 때, 수행팀에서 보내준 사진들은 정말 흐뭇하고 자랑스러

왔다. 그 사이에 대통령의 자이툰 방문이 있었고, 언제나 30%를 겨우 넘기던 대통령 지지도는 무려 50% 대까지 치솟았다. 그토록 열심히 국정을 챙기고 다양한 위기를 넘기느라 애쓸 때는 지지도가 형편없더니 자이툰 다녀오니까 확 치솟는 것이 참 허탈하기는 했다.

여론조사 이야기가 나와서 말인데, 참여정부 시절 언론들은 5지선다형 설문을 사용했다. 중간에 보통이다 또는 잘 모르겠다가 들어가는. 지금은 4지선다형이다. 보통 또는 잘 모름이 있는 설문은 보통이란 문항에 심리적으로 기울게 마련이 아닐까. 그래서 지지도가 실제보다 낮았다는 생각이 든다. 그럼에도 지지도가 낮으면 공격을 더 받고 정책수행에도 차질이 온다. 이를 이용해서 각 언론사들은 경쟁적으로 지지도조사 발표를 하고. 아쉬운 대목이다. 각설하고….

평화롭던 시기는 2005년 4월의 유전게이트를 시작으로, 행담도 사건으로 이어지면서 청와대를 뒤흔들어놓았다. 노무현에 대한 본격적인 공격이 다시 시작된 것이다. 이때부터 나의 시련도 시작되었다.

유전게이트는 이광재 열린우리당 의원의 자원외교를 게이트화하려는 끈질긴 한나라당의 공세로 말미암은 사태였다. 이때 청와대에서는 사태를 파악한 다음 적극 방어하기로 결정을 했다. 문제는, 이 적극대응을 청와대브리핑에서 해야 하는데, 구체적으로 어떻게 된 일인지를 알아야 글을 쓸 수가 있지 않나. 구체적 자료는 산업정책비서관실에서 가지고 있었다. 우리 실에서는 산업정책비서관실을 인터뷰하고 싶어했으나, 민정수석실에서 이를 조사했으니 죄가 없다는 것은 확실하다고만 했다. 나는 답답했다.

　그때는 홍보수석이 이병완에서 조기숙으로 바뀐 다음이었다. 나는 수석에게 민정의 조사는 죄의 유무를 가리는 것이고 우리 실은 방어와 홍보를 위한 구체적 내막을 알고 싶은 것이니만큼 산업정책비서관실을 면담하게 해 달라고 요청했다. 그러나 잘 되지 않았다. 민정수석실이 홍보수석실의 권한을 침범한 것이라고 느꼈다. 나는 청와대 안에 유관 비서관들로 구성된 대응TF팀을 만들자고 제안했고, TF팀이 꾸려졌다. 그랬는데 그 TF팀에 내가 멤버로 들어가지 못한 것이다. 내가 지휘해야 할 청와대브리핑팀의 유전게이트 대응을 외부TF팀에서 지휘하는 일이 발생하게 생긴 것이다.

　이 일로 나는 홍보수석과 크게 충돌을 했다. 지금 생각하면, 나도 처음에 정말 일 몰라서 어리버리하기 짝이 없었던 것을 잊어버리고, 들어온 지 얼마 안돼 업무파악도 잘 안되었을 것이 틀림없는 수석을 지나치게 몰아붙인 셈이었다. 모든 것을 투명하게 드러내고 설명을 하면 국민이 납득을 할 것이라는 대통령의 소신은 옳지만, 워낙 적대적이던 언론들은 의도와 꼼수를 거론하며 정쟁화하곤 했으므로 민정 출신들이 이런 일 앞에 긴장하고 정보통제를 해야 한다고 생각할 수도 있다. 물론 나는 투명해야 한다는 대통령의 소신이 옳다고 지금도 생각한다.

　내가 심리적으로 더 이상 청와대에 머물기 어렵다고 생각하게 된 결정적 계기는 행담도 사건으로 인한 여러 가지 분란을 겪으면서다. 유전게이트가 한나라발 정쟁이었다면, 행담도 게이트는 보수성이 강한 관료들이 진보적인 정책위원회를 공격한 사건이라고 나는 파악한다. 당시 노무현 대통령은 정책실을 통해 내각과 일을 하고 위원회를 통해 정책을 검증하는 투 트랙을 썼는데, 국무회의나 업무보고를 할 때 보면 위원회와 내각은 팽팽한 대립을 할 때가 많았다. 외국 드라마에서 보던 진검으로 하는 펜싱결투처럼, 우아하고 날카로운 말들이 정책을 사이에 두고 전투를 벌이던 장면은 지금 생각해도 대단하다.

　이정우, 이동걸, 정태인 등등, 진보로 분류된 경제정책참모들은 IMF 관리체제 이후 점점 천민적 신자유주의로 경사로가 가팔라지는 한국경제의 현실을 조금이라도 약자를 위하는 쪽으로 움직이게 하려고 몹시 애를 썼다. 그러나 일단 2005년 대통령의 신년 기자회견에서 양극화를 해소하기 위한 '동반성장' 이라는 기조가 내걸리자, 진보적 참모들의 입지는 약화될 수밖에 없었다. 언어적으로는 동반성장은 흡사 "함께 가자 우리 이 길을" 처럼 보인다. 그러나 내면을 들여다보면 '낙수효과적 성장'이라는 생각을 탈피하지는 못한 말이었다. "문화강국을 목표로 국민소득 2만불을 달성하자"라는 말과 "국민소득 2만불 달성하여 문화적 성숙을 이루자"라는 말이 정말 다른 것을 가리키듯이 말이다. 이 동반성장이라는 말이 등장하기까지 정책실과 홍보실 비서관들은 신년기자회견 TF팀을 만들어서 치열하게 토론을 했지만, 국민의 의식을 무리없이 변화시킬 어휘를 찾아내는 일은 정말 어려웠다. 무력감이 느껴졌다. 이런 무력감을 청와대 안의 진보그룹들은 크던 작든 다 느끼고 있었을 것 같다.

그런 중에 터진 행담도 사건은, 청와대 내의 진보적 경제참모들이 퇴진하게 되는 직접 계기가 되었다.

사건 자체의 개요는 단순하다. 도로공사가 싱가포르의 한 회사와 무리한 사업계약을 맺고 거액보증을 서준 일이 감사원 감사에 걸린 것이다. 그러나 이 보증의 과정에 동북아위원회 위원장과 비서관이 연루되었다는 의혹이 제기되면서 노무현정부에 타격을 입힐 기회로 삼으려는 언론과 야당의 정치공세로 말미암아 게이트화된 사건이다. 문정인 위원장과 정태인 비서관은 직권남용과 강요 혐의로 기소되었다.

청와대에서는 유전게이트와 마찬가지로 이 사건에 대한 대응팀을 꾸리고, 우선 민정수석실에서 문정인, 정태인을 조사하게 되었다.

문재인 수석이 직접 심문한 결과 혐의없음을 확신하고 적극 대응하기로 방침을 세웠다. 그리하여 춘추관에서 해명하는 기자회견도 주선했고, 나에게도 청와대브리핑을 통해 적극 해명하고 정태인 비서관과 협조하라는 지시도 있었다.

일이 이상하게 전개된 것은, 춘추관 기자회견 뒤였다. '물의를 빚었으므로' 형식상 제출했던 두 사람의 사표가 전격 수리되어버린 것이다. 열심히 기사를 작성하던 중 그 소식을 들었다. 일을 하기 위해 공무원을 불러 업무협조 지시를 한 것이 직권남용과 강요가 된다면, 청와대 안의 어떤 비서관이 피해갈 수 있을까. 강요가 목적이었다면 도로공사 사장을 불렀을 것이다. 일하다 생긴 문제들을 보호해주지 않는다면 어떻게 일을 하겠는가. 나는 수석에게 항의를 했으나, 이미 엎질러진 물이었다. 행담도 재판은, 1심에서 문정인, 정태인이 무죄 선고를 받았다.

이런 와중에 저 유명한 재보궐선거 '23대 0' 사건이 발생했다. 바로 그 전날 여론조사에서 50% 대를 달리던 대통령 지지율이 재보궐선거 다음날 조사에선 반토막이 나버렸다. 만일 그 선거가 대통령에 대한 중간평가였다면 선거 이전의 지지율이 높았던 것을 어떻게 설명할 수 있을까. 그런데도 선거결과가 나오자 모든 언론이 노무현에 대한 중간평가라고 떠들어댔다.

이런 일련의 사태를 겪으며, 청와대를 바라보는 시민사회의 싸늘한 시선을 뼈저리게 느꼈다. 도대체 청와대 홍보실은 뭐하는 거냐라는 지지자들의 질타와 잘한 게 뭐 있다고 그러냐 라는 진보진영의 비난을 동시에 들었다. 심지어 청와대 내부에서도 홍보실이 무능하다는 말을 하기 일쑤였다. 청와대에서 나가는 말의 절대량을 차지하는 업무를 수행하던 국정홍보비서관실의 담당비서관으로서 나는 역량의 한계를 절감했다. 나는 결국 사의를 표명했지만, 마음으로는 왠지 청와대 내 진보그룹의 전면적 퇴진이 현실로 다가오면서 나도 그냥 묻어서 버려진 느낌이 들었다.

하지만 나는 포기하기가 힘이 들었다. 어떻게 만든 정부인데. 이런 억울함이 나를 노사모 대표일꾼으로 나서게끔 만들었지 않나 싶다.

회의(會議)하는 정부, 회의(懷疑)하는 정부

국정홍보비서관으로서 내 임무 중 하나가 회의를 참관하는 일이었다는 이야기는 앞에 썼다. 이 회의 참관은, 얼핏 생각하면 그냥 가서 앉아있으면 되는 것 같지만 보통 긴장되는 일이 아니었다. 수석보좌관회의처럼 참석자가 적은 회의는 앉은 자리의 거리가 가깝다보니 가끔 대통령이 눈을 맞추고 질문할 때가 있었고, 국무회의처럼 규모가 큰 회의는 존재감 없도록 배석하는 것이 큰일이었다. 그러면서도 왜 이런 논의가 오가는가에 대해 파악해야 하고, 파악이 잘 안되면 다시 공부하고 하느라 그야말로 '머리에 쥐가 날 지경'이었다.

그러나 회의를 참관하는 일은, 온갖 부정적 언론보도에 휘말리기 쉬운 약한 마음을 참여정부에 대한 굳건한 믿음으로 바꿔나가는 데 큰 기여를 했다.

내가 근무하는 동안 국무회의에서 논의된 것 중 가장 기억에 남는 일이 성매매방지특별법에 대한 격론이 있던 날이다. 그 이전까지 성매매와 관련된 법의 이름은 '윤락행위 등 방지법'이었던 것만 보아도 알 수 있듯, 성매매여성은 타락한 여성으로 치부되곤 했다. 그러나 노무현 대통령은 이미 후보 시절부터 성매매여성의 인권이라는 관점에서 그들을 피해자로 바라보았다. 이러한 대통령의 인식이 성매매방지특별법을 제정하고 알선자와 매수자에 대한 처벌을 가능하게 함으로써 성매매된 여성들을 보호할 수 있는 길을 열었다고 생각한다.

그런데 내가 청와대로 들어갔을 무렵은, 이미 제정된 이 법에 대한 저항과 개정요구가 상당하던 무렵이었다. 성매매여성들 자신이 거리로 쏟아져나와 시위를 하기까지 했다. 집창촌에 대한 단속을 3

년간 유예해달라는 청원이 줄을 이었다. 심지어 어떤 비서관은 골목 경제가 타격을 입는다는 둥 하며 반대하기도 했다.

이런 와중의 어떤 점심 시간에, 여러 보좌관들과 대통령이 식사하는 자리에 불려갔던 나에게 대통령이 갑자기 이런 질문을 던졌다.

"성매매를 완전 자유화하고 사업자등록증을 주고, 세금만 제대로 내게 하는 것을 어떻게 생각하오?"

성매매방지법에 대한 가장 강력한 고민거리는 서민경제가 어려워진다는 경제부처의 주장도 아니고, 성매매여성들 자신에게서 나온, "성매매도 노동이다"라는 주장이었다. 이 때문에 몹시 힘들어하던 끝에 나온 반어적 질문이었다. 나 역시 그러한 주장을 어떻게 생각해야 할지 갈피가 안 잡히던 중이었다. 당황한 나는, "어, 그것은 저, 그렇게 하는 나라도 있고 하니 이론상으론 절대 안되는 건 아닐 듯합니다. 제가 당사자라면 그런 방식을 원할 수도 있을 것 같습니다. 하지만 한국적 현실에서 그런 리버럴한 주장이 먹힐 수 있을까요?"라고, 빵점짜리 대답을 해버렸다. 몇 안되는 여성 비서관이 제대로 된 논리 제공을 못한 것이다. 홍보비서관은 진행형인 모든 현안을 꿰고 있어야 하고 대안과 의견도 나름으로는 지니고 있어야 하는데, 그렇지 못했다. 몹시 무안한 마음으로 그 얼마 뒤 국무회의에 들어갔을 때 이 문제로 여성부장관과 경제부처의 장관들이 격론을 벌이는 것을 보게 된 것이다.

한참을 듣던 대통령은 결론을 내렸다.

"이제 우리도 사람의 몸을 사고 파는 것이 부끄러운 일이라는 인식을 보편화할 때가 되지 않았습니까. 무리가 좀 따르더라도 인권을 증진하는 쪽으로 국가시책을 펼쳐나갑시다."

감동했다. 경제가 어렵다라는 말은 대통령에겐 정말 극복하기 어려운 위협이 된다. 그럼에도, 온갖 비난을 감수하고라도 사람사는 세상을 향한 한 걸음을 내딛자는 대통령의 호소에 국무위원들은 더 이상 반대를 하지 못했다.

신년 초에 각 부처별로 실시된 업무보고도 잊을 수 없는 회의다. 업무보고는 부처에도 큰 일이었지만 우리에게도 큰 일이어서, 업무보고가 있기 전 미리 부처의 보고내용을 받아 대통령의 모두발언과 마무리발언 말씀자료를 만드는 일은 정책실과 홍보실이 함께 TF팀을 만들어 몇날며칠을 매달려야 했다. 연설문처럼 쓰는 것은 아니었지만, 각 부처의 보고내용을 요령있게 요약하고 부처가 요청하는 내용을 검토해서 대통령 말씀으로 응답이 나가도록 하고, 부족해 보이는 부분을 점검해서 이 또한 말씀자료에 포함시키고 하는 일은 쉽지 않았다. 나는 거의 모든 부처의 업무보고 준비팀에 들어가서 일했다. 문화부 업무보고에 그동안 난항을 겪던 몇 가지 정책에 대한 자료를 포함시켰는데, 평소 말씀자료를 참고만 하던 대통령이 내가 올린 자료를 거의 그대로 채택해준 일은 정말 보람있었다.

그런데, 이보다 더 인상적인 것은 업무보고의 풍경이었다. 세종홀의 넓은 회의탁자 한 가운데 대통령이 앉고, 대통령의 오른편엔 각 부처가, 왼편엔 그 부처와 관련된 정책을 담당하는 위원회가 앉았다. 행정관료들과 주로 학자로 이루어진 위원회 간의 진검승부가 펼쳐지는 순간이었다. 부처가 주장을 하면 위원회가 점검과 반박을 하고, 기획예산처 장관이 부처의 주장을 예산을 토대로 다시 점검하면서 상호토론이 계속되었다. 얼마나 몰입을 했던지, 참석을 하고 나면 몸살이 날 지경이었다. 급기야 청와대 들어 처음으로 뻗어버렸던 기억이 난다. 못 올라간다고 부속실에 양해를 구하고 이지원으로 업무보고를 보는데 현장의 치열함이 다 전해지지 않았다. 그런 치열한 모습을 충분히 외부로 전해내지 못하고 나오게 된 것은 참으로 아쉽다.

그 모든 회의 중 손꼽을 만한 것은 2005년 4월 30일과 5월 1일에 걸쳐 1박2일로 진행된 '국가재원배분회의' 였다. 이 회의에는 모든 국무위원이 참석했다. 주요 정책과제에 대한 추진방향을 논의하고 장기적인 국가자원 배분의 우선순위와 핵심원칙을 정한다는 것이 회의의 목표였다. 지금은 재정운용에 대한 장기전망과 단기계획을 수립하기 위한 회의가 자연스러운 일이 되었지만, 정부수립 이후 이런 회의는 이때가 처음이었다. 이 회의를 참관할 수 있었던 것만으로도 비서관이 된 것이 자랑스러웠다.

회의의 모습은 더더욱 신선했다. 각 부처의 장관들은 국가의 재정운용 기본틀에 대한 자기 부처 입장에서의 생각들을 개진했고, 국민의 기본적인 생활 보장 및 미래 성장동력 확충에 재정을 중점 지원키로 최종 합의를 보았다. 그 과정에서 자기 부처에 더 많은 예산을 가져가기 위해 저마다 업무의 중요성을 주장했고, 때로 유관부서의 장관들끼리 공동보조를 취하는 장면도 있었다. 엄청난 난상토론이 벌어졌다. 그 모든 일들이, 아마도 처음 있었던 일일 것이다. 경제부총리의 전반적 경제상황에 대한 브리핑을 시작으로, 각 부처 장관들이 자기 부처의 재정운용계획의 실태와 문제점을 제시하고 해법을 논의했다.

여기서 이야기된 것 중 가장 주목할 만한 것은, 조세부담률을 더 높여야 한다는 주장들이었다. 경제부총리가 먼저 이야기를 꺼내고 윤성식 정부혁신위원장이 거들었다. 이정우 위원장은, 얼핏 보기에 복지예산 비중이 높은 듯하지만 자연증가분을 제외하면 많지 않고 그 증가분은 주로 중산층이 혜택을 보므로 취약계층을 위한 대책이 필요하다는 점을 역설했다. 그러나 국민의 정부 이래 참여정부 들어 꾸준히 늘어나던 조세부담률은 이명박정부 들어 상당히 감소했고,

박근혜정부는 2013년 2017년까지 참여정부 수준으로 조세부담률을 끌어올린다는 계획을 세우기도 했다.

이 회의에서 재정배분 10대원칙이 제안되었고 이 원칙은 기획예산처에서 12대 원칙으로 다듬어 발표하였다. 주요 골자는 국민의 기본적인 의식주 해결을 위한 재정배분이 중요하다는 것과, 재정이 필요한 계층에 집중하자는 것 등이다. 대규모사업에 대해서는 비용검증을 다시 하고 국민합의를 얻어서 시행하도록 할 것, 수요자에게 직접 지원이 가는 방식, 민간에게 맡길 것은 맡기고 정부의 할 일은 선택과 집중을 해서 할 것 등 매우 중요한 원칙들이 논의되었다.

그때 나는 고무된 마음으로 이런 일기를 쓴 적이 있다.

"가난 구제 이제부터는 나라가 하자. 그런데 어떻게? 지원해주고 병고쳐주고 일자리 만들어주고. 돈이 그렇게 많나? 돈 쓸 순서를 바꿔서 하면 된다. 어지간한 건 민간과 시장이 알아서 하도록 하고 그렇게 해서 생긴 여유로 복지에 투자한다. 시스템으로 작동하는 나라가 되어간다. 드디어 근대국가가 되는 것이다."

다소 과장된 감격이었을 것이다. 그러나 그때는 정말 감격스러웠다.

자치경찰제 도입을 위해 수도없이 했던 회의도 기억난다. 온갖 국정과제회의들이 쉴새없이 열렸다.

　참여정부는 정말 많은 회의(會議)를 한 정부였다. 청와대의 시간
은 회의단위로 쪼개졌다. 그 많은 회의는, 과연 지금 우리가 통념으
로 생각한 것이 옳은가, 과연 우리가 하고 있는 정책이 효과적인가 등
등 끊임없는 자기반성과 회의(懷疑)를 통해 가장 국민에게 좋은 것을
찾아내려는 노력이었다. 제대로 못한 것들도 많았으나, 우공이 돌 하
나씩을 옮기는 마음으로 끈질기게 매달렸다.

　낙수

　짧은 기간이었지만 평화시기여서 그런지 자잘한 에피소드가 많
았다. 우리실 업무 또는 나의 업무와 관련된 에피소드로 기억나는 것
은, 도무지 정책대안 없이는 민생현장에 가려고 하지 않는 대통령을
설득해서 여성시대 출연하시게 한 일이 기억에 남는다. 이명박 대통
령은 시장 가서 어묵도 잘만 먹던데, 노 대통령은 그런 일을 모두 쑈
라고 생각하고 하지 않으려 했다. 수석보좌관 회의나 경제정책수석
실 회의를 할 때면 이런 문제가 자주 도마에 올랐다.

　경제정책비서관이던 권모 비서관은 "쑈도 해야 합니다"라고 외
치고, 대통령은 "정책보따리만 내주면 내가 왜 안 가겠소?"라고 반문
하시는 일이 자주 있었다. 그런 와중에 대통령과 국민 사이의 거리를

좁히기 위한 홍보노력을 하려니 힘들지 않을 수 없었다.

그래서 홍보기획비서관실이 구상한 것이 〈여성시대〉에 출연하는 일이었다. 정작 대통령을 설득하고, 방송예행연습을 하게끔 요청하고 하는 일이 나에게 떨어졌다. 시간 내기 힘든 대통령을 방송을 위해 모시고 나오는 일은 상당한 수고를 필요로 하는 일이라고 다들 생각한 듯했다. 나는 뜻밖에 간단하게 해결을 했다. "쇼는 국민심기 경호라는 매우 중요한 대통령의 임무를 위해 하셔야 하는 일이고, 방송예행연습은 생방송의 특성상 예기치 않은 이야기가 나올 때를 대비한 마음연습이다"라는 논리를 들이댄 것이다. "딱 한 번만 리허설하시면 됩니다. 원래 순발력 있으시잖아요" 하고 적당한 아부도 했다. 합리적이고 대화적인 노 대통령을 설득하는 방법은, 명분과 논리였다.

노무현 대통령은 법이 허용하지 않는 초과권력을 행사하지 말라고 입버릇처럼 이야기했다. 그러나 실제로는 우리 비서관들 모두는 다소간 초과권력을 행사하고 있었다. 서로의 영역을 침범하기도 했고, 특별히 규정에 없는 일은 일단 저지르기도 했다. 11개월 남짓 있는 동안 나도 상당히 많은 일들을 저질렀다. 그중 기억에 남는 일이 비정규직보호법안을 수정하고자 애쓴 일이다.

당시 청와대는 당정분리라는 강박관념이 있어 열린우리당과 비서관들 사이가 가깝지 않았다. 그러나 비정규직법을 우리당 협조를 얻어 정부입법 하려는 계획이 서자, 나는 이 법안을 연구해야 할 필요를 느끼고 나중에 수석이 된 시민사회비서관 황인성 비서관을 좌장으로 모시고 소규모 공부모임을 꾸렸다. 공부를 할수록 법안이 지닌 문제점이 자꾸 보였다. 우리당 의원들에게 전화를 해서 의논을 했다, 말하자면 대통령의 입법계획을 훼방을 한 셈이었다. 비정규직 보호 법안은 기간제와 단시간제 근로자 보호법 제정안, 파견근로자 보호법 개정안, 노동위원회법 개정안 등 3개 법안으로 되어 있는데, 2004년 11월에 정부안이 국회에 제출된 다음 진통을 겪은 끝에 무려 16개월만에 통과가 되었다. 나는 이 법안에 노동계 의견이 보다 많이 반영되도록 하고 싶어했다. 어떤 식으로든 정부란 약자쪽에서 일해야 한다는 생각도 있었거니와, 노동부에 대한 불만도 작용한 것 같다. 하지만 내가 2005년 7월 하순쯤 그만두게 되면서 그 이후의 일은 전적으로 황인성 비서관의 몫이 되었다. 결과는 재계도 노동계도 만족하지 못하는 법안이 되었지만, 처음 제출한 것보다는 노동계 의견이 조금은 더 반영되지 않았을까 하는 덧없는 위로를 할 뿐이다.

지율 스님의 100일 단식을 푼 일도 기억에 남는다. 지율 스님이 2004년 6월에서 8월까지 청와대 앞에서 단식을 했을 때, 부산에 있던 나는 당시 열린우리당 부산시당 위원장이던 이해성 수석에게 청와대 앞으로 올라가 지율을 만나라고 권한 일이 있다. 이 인연으로, 지율이 다시 잠적하여 무기한 단식에 들어갔을 때 그를 보호하던 환경단체 사람들이 청와대의 나에게 연락을 한 일이 있었다. 80일쯤 되었을 때였다고 기억한다. 중재에 실패한 다음 다시 잠적해버린 지율을 찾아낸 것은 예술의 전당 맞은편 법륜 스님의 정토원 2층에서였다. 98일째던가 99일째던가. 법륜의 허락을 받고 2층방으로 들어섰을 때 그 마른낙엽 같던 몸이 얼마나 가슴이 저려오는지.

"저예요, 노혜경이 왔어요"라고 하자 이불 밑으로, 거의 부피가 없는 납작한 손이 종이처럼 조금 빠져나오던 기억은 아직도 마음아프다. 국책사업이고 많은 국민의 인식이 도롱뇽보호라는 명분을 받아들일 수 없던 시절이었지만, 그래도 한 사람이 목숨을 걸면 들어주어야 하는 게 아닐까 하는 갈등이 정말 컸다.

시민사회수석에게 보고를 했다. 뾰족한 방도가 없다고 한다. 고민하던 나는 수석의 지시로 이해찬 총리의 정무수석인 남영주 수석에게 지율의 행방을 알렸고, 이해찬 총리가 전격적으로 정토원을 방문하여 지율을 설득했다. 단식 100일째 되던 날이다.

나름 즐거운 기억도 있다. 업무가 좀 손에 익었을 무렵, 나는 청와대 홈페이지 개편작업에 착수했다. 해마다 조금씩 개보수를 해온 홈페이지지만, 홈페이지를 정책자료실화 하고 싶어하는 대통령의 뜻에 따라 새로운 메뉴들을 만드는 한편, 모든 자료를 쉽고 일목요연하게 찾아볼 수 있도록 구조를 짜는 작업이었다. 검색엔진을 장착하는 일은 내가 나온 다음에야 실현되었지만, 청와대 홈페이지에만 가면 노무현의 모든 것을 알 수 있도록 만드는 것이 우리의 목표였다. 이 일과 병행하여 어린이 홈페이지를 새로 만든 일이 보람으로 남아 있다.

노 대통령은 어린이들에게 무척 인기가 있어, 편지도 많이 오고 어린이들이 녹지원 방문도 많이 했다. 그러나 홈페이지는 정말 구태의연했다. 권위적이고 낡은 어투로 가득한, 어린이들이 방문하면 당황할 것같은 어조와 내용이었다. 이것을 '한국글쓰기교육연구회' 라는 모임을 꾸리고 있던 국어선생님들에게 의뢰하여 전면적으로 내용을 쉽고 바른 우리말로 바꾸는 작업을 했다. 어떤 이야기로 어린이 홈페이지를 꾸밀까에 대한 논의도 함께 했다. 이 홈페이지는 노무현의 모든 것을 부정하던 이명박 시대에도 한동안 사용된 것으로 기억한다.

아쉬웠던 것은, 워낙 언론과의 관계가 삭막했기에 좀더 적극적으로 소통하기 위한 홈페이지 운영을 할 수 없었던 일이다. 당시 세스코라는 방역소독업체가 Q&A 게시판 운영을 유머러스하게 잘 해서 인기를 끌어던 일이 있었다. 나도 정말 그렇게 하고 싶었지만, 말 한마디 잘못 나가도 꼬투리가 잡히는 환경에서 그렇게 하기가 너무 어려웠다. 청와대브리핑을 주간으로 바꾸고 정책실의 글을 받아 기명으로 싣기 시작했는데, 그때도 가장 힘들어한 것이 '꼬투리잡히지나 않을까'라는 글쓰는 이들의 염려를 해소해주는 일이었다. 사표를 내고, 후임이 결정되고, 인사를 하러 갔을 때 당시 정책실장이 "밥이라도 같이 먹자"라고 하길래 "밥대신 청와대브리핑에 글을 써주세요"라고 한 건 아마 내부자들의 글쓰기 저항을 그렇게라도 누그러뜨려보려 한 무의식의 발로가 아니었을까 싶다.

돌이켜보면 아쉬웠던 시간들이다. 내가 좀더 유능하고 좀더 지혜로웠더라면 하는 자책이 늘 따라다닌다.

이 모든 것들을 종합하여 그곳에서 노무현 대통령과 함께 한 경험은, 노사모가 늘 주장하던 노무현 도구론을 넘어 인간 노무현에 대한 깊은 신뢰와 애정을 가지게 하는 경험이기도 했다. 나는 노사모로서 노무현이 없어도 되는 시스템의 정치가 바람직하다고 말해왔지만, 정치인들이 노무현만큼 인간에 대한 애정과 정책에 대한 통찰과 탐구심을 지니는 것이 그 못지않게 중요하다. 시스템은 시스템을 이해하는 사람의 존재가 필수다. 청와대에서의 경험은 짧았지만, 국가 전체를 지도로 펼쳐놓고 생각하는 능력을 길러주었다. 부분과 전체를 아울러 통합적으로 생각할 수 있어야 진영논리나 패거리주의에 빠지지 않고 자신의 좌표를 제대로 인지할 수 있다.

마지막으로 정말 못마땅했던 일이 있다

이미 인수위원회 시절에 뼈대가 완성된 참여정부의 국정비전과 국정원리는 단단하고 통찰력있는 내용이었다. "국민과 함께하는 민주주의, 더불어 사는 균형발전 사회, 평화와 번영의 동북아 시대"라는 국정목표와 "원칙과 신뢰, 공정과 투명, 대화와 타협, 분권과 자율"라는 국정원리. 모범적 근대국가의 상을 담은 이러한 언어를 통해 연상되는 공직자의 모습이야말로 깨어있는 시민 아니겠는가. 이런 국정원리를 주장하는 노 대통령을 장난삼아 "근대적 계몽군주"라고 놀린 적도 있었다.

그런데, 이러한 원리를 토대로 일 잘하고 대화 잘 하는 정부를 만들고, 그리하여 신뢰받는 정부가 되어, 국민소득 2만불 시대의 기반을 구축하자는 것이 어느날부터 참여정부의 국정 비전이 되어 있었다. 본말이 전도된 감이 있다. 국민소득 2만불이 어떻게 국정 비전이 될 수가 있는 것일까. 모든 정책은 재정이 기반이 되므로 경제운용이 정말 중요하지만, 사람은 빵만으로 살지 않음을 내세워 집권한 정부가 국민소득 2만불을 내건 것은 아이러니다.

나는 역시 국정운영에서 중요한 것은 제대로 된 비전과 그 비전의 뼈대가 되는 철학이라는 생각을 한다. 부자가 되는 것보다 사람다운 사람이 되는 것을 더 중요시하고 국민에게 그것을 계몽하기엔, 참여정부를 둘러싼 여론이 너무 안 좋았을까. 아니면 지나치게 야심적인 기획들이 결국, 시스템 짜기에 골몰하여 실천을 못 다하고만 상황을 초래한 것일까.

　두고두고 고민한다. 그러면서 어떻게 하면 여기서부터 진도를 나갈까를 꿈꾼다. 참여정부는 좌절했고 미완성이었지만, 그 속에 민주공화국 대한민국이 나아가야 할 예측가능한 방향이 다 들어 있다고 느끼기 때문이다.

참여정부
이지원(e知園) 이야기

민기영

참여정부
이지원(e知園) 이야기

민기영 _ 참여정부 업무혁신비서관

거듭되는 검찰조사,

내가 이러려고 이지원(e知園)했나 자괴감 들어

내 이름으로 인터넷 기사 검색을 해보면 사업하시는 민기영 대표님(男) 기사가 몇 개 나오고 그 뒤를 이어 나와 관련된 험악한 내용의 기사들이 많이 나온다. 주된 내용은 2014년 한국수자원공사 사이버 테러가 노무현 대통령이 퇴임하면서 전자정부 지도를 빼가서 그렇다고 보수단체에 의해 고발되었다든지, 2013년 온 나라를 시끄럽게 했던 NLL 회의록 폐기 사건으로 참여정부 인사들이 줄소환되어 검찰조사를 받는다든지, 2008년 노무현 대통령의 기록물 무단유출 사건으로 측근 인사 10명이 검찰에 고발되어 수사를 받는다는 등의 내용이 대부분이다. 이 모든 사건에 내 이름이 거론되는 이유는 내가 참여정부 업무관리시스템 이지원(e知園)의 개발과 운영을 주도했기 때문이다.

　사건이 터질 때마다 나는 검찰에 불려나가 이지원 시스템이 뭔지, 참여정부 청와대는 이지원으로 어떻게 일했는지 설명하고 사건과 관련된 조사를 받아야만 했다. 물론 나의 개인적 비리나 범죄가 아니라 노무현 대통령을 흠집내기 위한 정치공세였기에 꿀릴 것은 없었지만 검찰이라는 조직을 처음 경험하는 사람으로서 두려움이 아주 없었던 것은 아니다. 매번 검찰조사를 받으러 가서 느끼는 수모는 대통령을 모셨던 나의 몫으로 감당한다 하더라도 그럴 때마다 자정을 넘겨서 돌아오는 나를 기다리는 가족들을 보면 미안한 마음이 너무 컸다.

　NLL 회의록 사건이 터졌을 때의 일이다. 거듭되는 기자들의 끈길긴 취재에 응하지 않았다. 그런데도 어떻게 입수했는지 당시 재직 중이던 회사도 밝혀지고 사내 전산망에 등록되어 있던 신분증 사진까지 공개되어 주변 사람들의 관심과 시선을 한몸에 받아야만 했다. 그일로 나는 NLL 사건과 아무런 상관도 없는 회사에 사건 경위서를 제출하기도 했는데 그땐 '내가 이러려고 이지원을 했나' 하는 자괴감이 들기도 했다. 그러나 그런 감정은 순간이었고 나는 노무현 대통령을 모시고 이지원을 만들며 청와대 일하는 방식 혁신을 추진했던 그 모든 순간이 보람되고 자랑스럽다.

나는 참여정부 5년 동안 주말도 없이 일할 때가 많았다. 요즘 말로 월화수목금금금의 연속이었다. 그것은 대통령님의 바쁜 일정 때문에 이지원 관련 보고와 토론이 주말에 많았기 때문이기도 했고, 주말 보고가 없어도 잦은 대통령 보고와 토론을 준비하기 위해 주말에도 일하는 경우가 많았다. 그만큼 업무혁신비서관실은 대통령님과 많은 시간을 함께 일한 부서 중 하나라고 할 수 있다. 그래서 청와대 직원들 중에는 대통령을 자주 볼 수 있는 부서라 부러워하기도 했지만, 업무혁신비서관실을 '주말반' 이라고 부르며 기피대상 부서 중 하나로 꼽기도 했다. 당시 친하게 지내던 비서관 중 한 선배는 우리의 일하는 모습을 보면 '노래를 찾는 사람들' 의 〈사계〉에 나오는 "소금땀 비지땀 흐르고 흘러도 미싱은 잘도 도네 돌아가네" 가사가 생각난다고 했다. 대통령의 주문에 따라 날 밤 새며 뚝딱 뚝딱 보고서나 시스템을 만들어 내는 모습이 '청와대 미싱공' 같다고 놀리기도 했다. 그 덕분인지 참여정부 초기에는 업무혁신에 대한 반감이 상당히 컸지만, 시간이 지날수록 청와대 3D 부서라며 불쌍하게 생각하고 이해해 주는 사람들도 생겨났다.

그럼, 노무현 대통령은 참여정부 업무관리시스템 이지원을 왜 만들었는지, 그리고 이지원 개발 과정은 어떠했고, 이지원으로 어떻게 일했기에 무슨 사건만 생기면 이지원을 소환하는지 참여정부 정책보고서와 나의 기억을 토대로 이이야기 해 보려고 한다.

이지원(e知園)과의 운명적 만남

나는 당에서 인터넷선거 캠페인 업무를 담당하다 2003년 2월 참여정부가 출범하면서부터 총무비서관실 전산과장으로 청와대 업무를 시작했다. 나의 주요업무는 청와대 전산장비와 보안시스템을 운영하고, 청와대 홈페이지와 신문고 등 비서실 각 부서의 정보화를 지원하는 것이었다. 전반적인 업무가 파악되어 가던 4월 어느 날, PPR(Policy Process Reengineering, 정책과정개선)비서관실에서 '디지털청와대 구축 계획'을 대통령께 보고했다는 이야기를 동료에게 전해 들었다. 처음 그 이야기를 들었을 때 나는 '비서실 정보화는 우리부서 소관인데…' 하는 생각에 살짝 기분이 상했다. 하지만 모든 직원들이 싫어하는 PPR비서관실에서 주도한다니 별로 엮기고 싶지 않아 '그래, 잘해 봐' 하는 식으로 생각했었다.

참여정부 노무현 대통령의 일하는 방식을 관통하는 한마디는 '혁신' 이었다. 노무현 대통령은 "과거의 부조리한 시대에 만들어졌던 낡은 제도와 관행을 털어내고 합리적이고 효율적인 시스템을 정비하기 위해 인사, 조직, 예산, 평가 등 다양한 분야의 시스템 혁신을 추진"하셨다(수석보좌관회의, 2004. 7). 또한, "참여정부는 '구조조정'에 중점을 두었던 과거와는 달리 '행정의 기본틀'과 '일하는 방식'을 바꿔나가고, 행정의 '소프트웨어'를 바꾸고 여기에 맞춰 '하드웨어'가 개혁되도록 하겠다(청와대브리핑, 2003.6)"는 생각이셨다. 그래서 참여정부 출범과 동시에 역대 청와대 조직에는 없었던 PPR비서관실을 만들었던 것이다. PPR비서관실은 외부에서 영입한 컨설턴트 중심의 전문가들로 구성되어 혁신을 위한 유격조교 역할을 담당했다. 그러다 보니 비서실 직원이나 부처 공무원들 입장에서는 낯설고 불편한 존재로 생각되었고 나 역시 마찬가지였다.

그러나 이런 생각도 잠시, 나는 2003년 6월경 PPR비서관실과 총무비서관실 전산과가 중심이 되어 디지털청와대를 구축하라는 지시를 받게 되었다. 그 후 디지털청와대 구축을 위한 정보화전략수립(ISP)을 위한 컨설팅 작업을 시작으로 참여정부 5년 동안 청와대 업무관리 시스템 이지원을 만들고 운영하는 업무를 담당해야 했다. PPR비서관실은 한글학회의 영문사용에 대한 지적이 있어 업무혁신비서관실로 명칭이 변경되었고 총무비서관실 전산과도 업무혁신비서관실로 통합되어 업무혁신이 주된 업무가 되었다.

♣ 그때를 기억하십니까?

참여정부 초기부터 청와대에 계셨던 분들이라면 PPR을 기억할 것입니다. 이름도 공무원스럽지 않은 'Policy Process Reengineering'이라는 부서가 있었지요. 목표설정, 업무매뉴얼, 과제분류, 조직개편, 평가, 디지털청와대(현재 이지원) 등 청와대에서는 모두 처음 시도하는 일이 대부분이었던지라 밤 10~11시는 정시퇴근, 새벽 1~2시는 되어야 야근인 생활이 연속되었습니다. 그러나 이런 업무들을 담당했던 PPR은 그야말로 '일하고 욕먹는' 부서였습니다. "우리가 무슨 모르모트냐" "PPR 밤길 조심해라~" "PPR때문에 피터진다" 저도 집에서 나름 곱게 자랐는데, 평생 들을 욕은 여기서 다 들었습니다. 그래도 다들 바쁘신 분들한테 내가 이 일, 저 일 시키는 입장이니까 전화라도 친절하게 받고, 설명이라도 자세하게 해주자, 라는 모토로 살았습니다. 그러던 어느날, "안 그래도 바쁜데 PPR이 매일매일 선물을 안겨주시잖아요~" 하면서 비아냥을 담은 전화를 받게 되었고…. 그 이후에 화장실에 휴지가 동이 나도록 눈물, 콧물을 짜낸 기억이 납니다(2008. 『참여정부 정책백서—대통령 비서실의 변화와 혁신』中).

왜, 이지원(e知園)을 통한 일하는 방식 혁신인가?

제왕적 대통령 하에서 청와대는 두려움의 대상이면서, 다른 한편으로는 "청와대의 말 한마디면 다 된다"는 그릇된 인식을 심어주었다. 그러다 보니 이를 악용한 업무행태가 청와대의 일하는 방식을 블랙박스로 만들었다.

노무현 대통령은 청와대가 변화해야 대한민국이 바로 선다는 생각으로 권위주의적 문화를 타파하기 위해 청와대부터 혁신하자고 하셨다. "시대적, 역사적 배경이 무겁다고 해서 일하는 방식 혁신 자체도 무겁고 어렵게 접근해서 안된다"고 하시면서 "쉽게 정부 전산화의 일부로 생각하자"고 말씀하셨다. 즉, 업무프로세스를 개선하고, 자료의 축적과 공유체계를 확립하여, 시행착오를 줄이고 지식의 재활용성을 높이는 것부터 시작하자는 것이었다. 또한, "조달, 관세 등 정부의 개별 전산시스템은 굉장히 잘 되어 있는데 행정 프로세스만 제대로 전산화가 안 되어 있습니다. 업무 전산화를 위한 데이터베이스 등 기술적 프로그램은 최고 수준에 도달해 있습니다. 그런데 정작 그 중요한 일을 해 나가는 의사결정 과정이나, 이것이 어떤 아이디어에서 시작되고 어떤 회의에서 결정되고 어떤 절차를 거쳐서 되고 있는지, 현재 어떤 시책들이 몇 개나 되고 있는지 알아볼 수가 없습니다. 어떤 문제가 생겨서 구체적 사안을 알고 싶으면 한밤중이라도 전화해야 합니다. 그후 장관이 비상 걸어 자료를 찾아서 보고할 때까지 기다리고 있을 수밖에 없는 것이 현실입니다(디지털청와대추진팀 보고 2003. 7.)"라고 말씀하시면서, "국정을 언제든지 확인하고 점검할 수 있도록 하는 것이 이지원으로 일하는 방식을 혁신하는 구체적인 목표"라고 하셨다.

이지원은 많은 기업에서 활용하는 그룹웨어(이메일이나 공지 등) 기능을 기본으로 하면서 거기다 청와대의 모든 업무처리 과정을 표준화하고 시스템화하였다. 정보의제관리, 문서관리, 과제관리, 지식관리, 기록관리, 대통령지시사항관리, 대통령일정관리, 대통령말씀관리 등등. 노무현 대통령은 바쁜 일정에도 불구하고 대통령이 직접 나서셨다. 직원들과 함께 고민하고 토론해 업무처리방법과 기준을 일일이 정해 이지원에 반영하고 규정과 매뉴얼로 남겨 지속적으로 개선해 나가도록하였다.

노무현 대통령은 청와대 직원이라면 누구나 이지원을 통해 책임감 있고 투명하게 업무처리 과정을 기록하고, 모든 보고는 온라인으로 관련부서와 사전 공유하고 협의를 거쳐 보고하는 것을 원칙으로 하였다. "처음에는 익숙하지 않아 효율성이 다소 떨어진다고 생각할 수 있으나 1년 정도 축적되면 일의 생산성이 몇 배 이상 올라갈 것이 며, 귀찮음을 함께 극복하는 것이 성공을 위해 중요하다(디지털청와 대 시연회 2003. 9)"고 하셨다. 또한, 공무원 한 사람 한 사람이 누가 무엇을 어떻게 왜 했는지 알 수 있도록 업무가 관리되기를 기대하셨 다. 그래야만 참여정부의 혁신 목표인 '효율적인 행정' '봉사하는 행 정' '분권화된 행정' '투명한 행정' '함께하는 행정'이 가능하고 '일 잘하고 대화 잘하는 경쟁력을 갖춘 신뢰받는 정부'가 될 수 있다 고 생각했던 것이다.

청와대 최초 업무실적 기반의 성과평가 실시

디지털청와대 구축을 위한 정보화전략수립(컨설팅)과 시스템 구 축 작업을 거쳐 이지원이 공식 서비스를 시작한 것은 2003년 11월초 였다. 그러나 시스템을 구축하는 기간에도 컨설팅 결과 중 모든 부서 의 업무를 관리할 수 있는 업무관리카드 파일럿 시스템을 먼저 만들 어 업무실적을 관리하게 하였다. 일단 비행기를 먼저 띄우고 시스템 구축이 완성되면 빠르게 갈아 탈수 있도록 핵심기능을 우선 적용하 여 변화관리를 병행했던 것이다. 이처럼 초기의 이지원은 '보고'보 다는 개인별로 담당하고 있는 업무를 잘 정의하고 계획을 수립해, 그 추진실적을 빠짐없이 기록하고 관리해서 그것을 기반으로 '성과평가' 가 이루어지도록 하는 것이었다. 이처럼 업무관리카드는 부서의 미션에 따라 할 일을 정의하고 목표를 설정해 개인별로 할당된 업무의 추진계획과 실적을 관리하는 것으로 2003년 비서실 업무혁신의 핵심 키워드였다.

처음에 개인별 업무실적을 기반으로 시스템에서 정해진 방식대로 평가하는 것이 쉬운 일은 아니었다. 수석실을 일일이 방문해 평가기준과 시스템 사용법에 대해 설명하는 과정이 있었다. 이때 공무원 출신 수석들은 "시스템에 있는 실적을 안 봐도 누가 무슨 일을 했고 누가 일을 잘 하는지 다 아는데 뭐 하러 이렇게 복잡하게 평가하느냐"라고 하거나, "일 잘하는 사람들이 부처 대표로 청와대에 파견 온 것인데 그런 사람들을 뭐 하러 또 평가를 하느냐"라고 하였다. 정치권이나 교수 출신의 수석들은 "별정직은 정치를 할 사람들인데 무슨 이런 평가를 하느냐"라고 하거나, "별정직과 일반직 공무원을 같은 기준으로 평가하면 별정직에게 불공정한 것이 아니냐"라고 하기도 하였다. 결국, 평가시스템의 기능의 문제가 아니라 정서상 거부감이 이만저만이 아니었던 것이다. 거부감의 본질은 개인별 활동에 대한 기록을 남기고 이것을 평가해 또 기록으로 남기는 것에 대한 불편함이 제일 컸고, 그 결과가 직원들에게 피드백 되도록 한 프로세스에 대한 부담이 컸던 것이다.

그러나, 대통령의 의지가 워낙 강하서서 이렇게 시작된 업무성과 평가는 참여정부 5년 동안 유지되었고, 과제기반의 업무성과 이외에도 동료들이 나의 역량과 가치관, 그리고 태도에 대해 어떻게 생각하는지 다면평가를 실시해 그 결과도 반영하는 등 평가체계는 더 정교해 졌다. 이렇게 종합된 평가결과는 비서실 인사와 보상에 활용되었고, 일반직 공무원의 경우 청와대 파견이라는 이유로 부처에서 항상 좋은 평가를 받던 관행을 없애도록 부처에 통보해 자체적으로 실시하는 근무평가에 참고하도록 하였다. 별정직도 충성심과 코드만 맞으면 되는 것이 아니라 업무능력이 향상되지 않는 직원은 나가서 적성에 맞는 다른 일을 찾아보도록 인력을 운영하는 데 활용하기도 하였다.

모든 평가가 만족하는 사람보다는 불만인 사람이 더 많은 것이 인지상정이라 평가로 인한 뒷얘기도 많았다. 10년이 지난 지금 그때 청와대에서 근무했던 직원들의 얼굴을 떠 올려보면 지속적으로 우수한 평가를 받던 직원들이 결국에는 부처에서도 정치현장에서도 요직을 차기하고 있는 것 같다.

이런 일도 있었다. 부처에서 파견 나온 공무원 중 청와대 업무평가 결과가 나빠서 다음해 부처로 복귀하게 되었는데, 부처로 복귀해서도 보직을 금방 받지 못 했다는 얘기를 들은 적이 있어 마음이 안 좋았던 기억도 난다. 그 분들 지금은 잘 지내고 계시겠지?

업무관리카드는 이후 과제관리카드로 명칭이 변경되고 관리항목도 더욱 정교하게 고도화되었다. 각 부서의 과제관리과제는 표제부, 일지관리, 계획관리, 품질관리, 홍보관리, 고객관리, 업무편람의 7개 파트로 나누어 관리되었다. △'표제부'는 과제명, 내용 및 취지, 과제이력, 과제구분, 과제유형, 공유범위 등의 기본정보와 과제담당자, 내부관계자, 상위과제정보를 담도록 하였다. △'일지관리'는 과제수행 일지, 보고문서, 지시문서, 회의안건 등 과제 진행상황을 파악할 수 있도록 하였다. △'계획관리'는 과제목표와 함께 과제활동 계획을 보여주며, 각 활동계획별로 완료 여부를 확인할 수 있도록 하였다. △'품질관리'는 정책과제의 경우 정책품질을 높이기 위해 추진 프로세스와 체크리스트를 점검할 수 있도록 하였다. △'홍보관리'는 과제를 추진하면서 주요 활동계획별로 홍보대상과 홍보메시지를 관리하도록 하였다.△'고객관리'는 과제와 관련된 부처관계자와 외부 정책고객을 관리하도록 하였다. △'업무편람'은 관련 법규 및 예산, 매뉴얼, 업무참고자료 등 관리하도록 함으로써 업무수행시간을 단축시킬 뿐만 아니라 업무 인수인계도 보다 효율적으로 이루어지도록 하였다.

【 이지원(e知園) 과제관리 카드 양식 】

과제관리카드

| 표지부 | 일지관리 | 계획관리 | 중집관리 | 홍보관리 | 과적관리 | 업무편람 | 과제종료 수정 닫기 |

과제명: 과제관리시스템 고도화

내용 및 취지:
[목적]
■ 우리가 하는 일의 단위를 e지원에 설정하고 이를 기반으로 업무수행
- 업무의 설정에서부터 기록 및 평가에 이르는 일괄정을 과제기반으로 운영
[주요내용]
■ 업무분류 및 관리체계 정비
- 기능별 업무분류체계 및 목표별 과제관리체계 정비
■ 과제관리시스템의 점검 관리방안 마련
- 업무계획, 평가 등과 연계된 점검·관리방안을 통해 과제관리 강화
- 과제관리시스템 보완에 10대 평가시스템 등의 개선 추진

과제이력: ■ e지원 3차 사업에서는 과제관리시스템 구축 이었으나 4차 사업부터는 과제관리시스템 고도화 단계로 진입

과제구분: 일반과제 관리과제   과제유형: 내용적과제 시스템적 혁신과제

공유범위: 비서실전체공유   부서내공유   담당자공유(비공유)

과제담당자   쪽지보내기 추가 수정 삭제 종료 전체보기

성명	역할	구분
하하권/업무혁신비서관실	과제관리시스템 개선, 기능별 업무분류체계 총괄, 목표별 과제관리체계 지원	주관
민○○/업무혁신비서관실	과제관리시스템 구축 총괄	주관
민○○/업무혁신비서관실	과제관리시스템 고도화	주관

내부관계자   내부관계자추가 담당업무변경 삭제

성명	소속	직책	담당업무
민○○	제1부속실	행정관	업무혁신 분야 담당
민○○	국정정책비서관실	행정관	부처 업무보고 담당

분류정보 2006년   관련과제등록 관련과제해제

기능분류: 비서실 업무지원 /정보화 기획 관리/e지원 구축 및 운영

전략과제	정책과제	단위과제	세부과제
		과제관리시스템 고도화	목표별 과제관리체계 관리 지원
			기능별 업무분류체계 관리

과제과제 성과평가제도 기획 및 운영

e知園 '부서업무' 메뉴: 과제관리카드

이지원(e知園)이란 이름 어떻게 만들어졌나?

이지원(e知園)이란 이름은 디지털청와대 구축 사업이 마무되어

가던 2003년 10월경 비서실 직원들을 대상으로 실시한 명칭공모와 투표로 확정되었다. 명칭공모에서 후보로 올라온 것은 ① 이지원(e知園, 디지털 지식정원), ② 우리들(노무현 대통령이 국회의원시절 개발한 업무관리 프로그램 명칭), ③ e청와대(디지털청와대) 등이었다. 이들을 가지고 비서실 직원들에게 선호도 투표를 실시한 결과 46.2%의 지지를 받은 이지원(e知園)으로 확정되었다. 2위로는 e청와대(디지털청와대)가 44.1%로 박빙의 승부였다. 투표결과를 연령대별로 살펴보니 젊은층은 이지원을, 연배가 있으신 분들은 e청와대를 더 선호했었는데, 참여정부 청와대는 그만큼 젊은층이 많았다.

그 당시 젊은층이 이지원을 선택한 데는 이런 이유도 있었다. 어떤 드라마의 열혈 팬을 '폐인'이라는 말로 표현하기 시작한 드라마가 2003년 여름을 뜨겁게 달군 이서진, 하지원 주연의 〈다모(茶母)〉가 아닌가 싶다. 이 시기가 바로 〈다모〉가 종영한 지 얼마되지 않은 시점으로 하지원의 인기는 엄청났다. 그래서 하지원을 잊지 못하던 젊은 직원들의 무의식을 자극했던 것은 아닐까? 이지원 오픈 초기 변화관리 교육을 부서별로 실시했었는데 그때 이지원 하면 생각나는 것이 뭐냐고 물어보면 장난처럼 "하지원이요"라고 답하는 직원들도 있었다.

사실 이지원이란 명칭은 청와대의 오프라인엔 녹지원이 있고 온라인엔 이지원(e知園)이 있다는 의미다. 녹지원은 외국 귀빈들의 접견장으로 사용하는 '상춘재(常春齋)'의 앞뜰로 청와대를 대표하는 정원이다. 이처럼 이지원(e知園)도 청와대의 디지털 지식정원을 대표하는 공간이면서 '사용하기 쉽게 하나로 통합된 업무관리 시스템'으로 청와대의 또 하나의 상징이 되자는 것이었다. 처음에 노무현 대통령은 이지원이라는 이름을 별로 마음에 들어 하지 않으셨다. 너무 청와대로 한정된 이름이라고 생각하셨지만 직원들의 인기투표 결과를 번복하지 않고 존중해 주셨지만 마음 한구석에 불편함이 없었던 것은 아니다. 그러나 이지원 설명회가 있을 때마다 이지원의 의미를 설명하면 많은 분들이 이름 너무 잘 지었다는 말씀을 하시곤 해 그나마 위로가 되기도 했다.

△ 이지원(e知園) : 디지털 지식의 정원, 디지털 업무지원(Support) 시스템
△ EASY-ONE : 사용하기 쉽고 편리하게 하나로 통합된 업무관리시스템

탄핵의 엄중한 시간들, 이지원 고도화 준비

노무현 대통령은 2004년 초부터 문서관리와 보고 프로세스에 관심이 많아지셨고, 이때 온라인 보고를 위한 '문서속성카드'를 제안

하셨다. 문서속성카드는 보고서를 만들어 보고를 할 때 누가 이 보고서를 왜 만들게 되었으며, 어떤 협의와 논의과정을 거쳐 완성되었는지 처리과정을 기록하는 문서양식이었다. 노무현 대통령은 최종보고서만 보고를 받다보니 보고하는 사람의 말을 듣고 보고서만 봐서는 의사결정을 위한 정확한 상황파악이 안된다며 문서속성카드 양식을 붙여 보고하면 좋겠다며 관련부서가 모여 가장 바람직한 양식을 만들어 보라고 하셨다.

문서속성카드의 초기 작업은 업무혁신비서관실(업무프로세스 담당), 총무비서관실(비서실행정문서 담당), 정책기획비서관실(부처 지시사항관리 담당), 국정상황실장실(비서실 지시사항관리 담당) 등 문서를 많이 다루는 부서에서 참여해 각 부서의 입장이 충분히 반영될 수 있도록 하였다. 수차례의 실무논의 과정을 거쳐 2004년 3월 보고서에 붙여서 보고할 표지양식을 만들어, 각종 회의체의 의견수렴과 대통령 주재 토론을 거쳐 2004년 4월 문서속성카드 양식을 완성시켰다.

그 과정에 노무현 대통령은 탄핵이라는 엄중한 시간을 보내게 되었고, 덕분에 업무혁신비서관실은 대통령님과 더 많은 학습과 토론의 시간을 가질 수 있었다. 탄핵 기간에 관저에서 몇 번 학습이 있었는데, 그중 가장 기억에 남는 것은 대통령님이 맨발로 슬리퍼를 신고 관저회의실로 나오신 날이 있었다. 정말 집에서 편하게 쉬시다 나오신 딱 그런 모습이었다. 그날 대통령님은 몇 장의 메모지를 가지고 오셨는데 먼저 메모해온 내용을 말씀하지 않고 우리가 준비한 내용에 대해 쭉 설명을 들으시고는 칠판(화이트보드)을 가지고 오라고 하셨다. 칠판(화이트보드)을 가져오자 대통령님이 메모지의 내용을 우리가 좀 더 이해하기 쉽게 일일이 적어 가며 설명하기 시작했다. 칠판이 가득 차서 더 이상 쓸 곳이 없자 무릎을 굽히고 칠판 아래 부분까지 빼곡히 적어가며 구상하신 생각들을 쏟아 내셨다. 우리는 모두 고3 수험생처럼 대통령님의 열강을 들었고, 열심히 받아쓰며 연신 고개를 끄덕였다.

대통령님 입장에서 생각해 보면 우리가 준비한 것을 설명드릴 때 얼마나 답답하셨을까? 몇 번을 이야기해도 말귀를 못 알아듣는 돌대가리 같은 우리를 기다려주고 이해시키기 위해 손수 칠판에 써가면서까지 설명해 주시는 대통령님께 송구한 마음이 들기도 했다. 저렇게 열정적이고 열심이신 대통령이 또 있을까? 보통의 대통령이었다면 아래 사람들에게 자신의 생각을 이렇게까지 상세히 소통하지 않았을 것이다. 그냥 메모만 던져 주고 만들어 오라고 하고 완성이 되면 이건 잘됐고 이건 잘못했고 지적만 했을 텐데 말이다. 이처럼 노무현 대통령님은 진심으로 직원들과 소통하고 싶어하셨고 지시가 아니라 함께 결과를 만들어 간다는 마음이라는 것을 느낄 수 있었다.

그렇게 문서관리시스템이 기획되었고, 문서속성카드란 명칭은 2004년 초에 잠깐 사용되다 문서관리시스템이 공식 오픈된 이후에는 문서관리카드로 변경되었다. 처음에 직원들이 보고를 위한 속성(Attribute)이란 개념을 생소하고 어렵게 생각해, 문서를 '속성으로= 빨리 처리' 하는 카드로 이해하는 직원도 있었다. 문서관리 시스템이 오픈된 후에도 직원들은 우스갯소리로 업무과정을 다 드러내기도 어렵고, 안 드러내기도 어려워서 속상하다고 문서 '속상' 카드라는 얘기가 나오기도 했다.

수석보좌관회의 대통령의 한마디,
"앞으로 모든 보고는 이지원으로 하세요."

문서관리시스템을 만들기 시작하면서부터 비서실의 모든 보고는 이지원을 통해야만 했다. 온라인보고가 완성되기 전에는 대면보고 후에도 부서별 보고게시판을 만들어 대통령께 보고한 모든 보고서는 다 여기에 등록하도록 하였다. 그 후 시스템이 완성되고 나서는 대면보고를 해야 하는 경우에도 이지원을 통해 사전보고 한 후에 일정을 잡아야 했고, 각종 행사나 회의의 경우에도 행사 참고자료나 회의안 건도 모두 이지원으로 사전보고 해야 했다. 노무현 대통령은 수석보 좌관회의를 통해 문서관리 시스템을 전면 사용하라고 하시면서 문서 속성카드를 붙이지 않은 보고서는 보고받지 않겠다고 선언하셨다. 대통령께 올리는 보고서 이외에도 쪽지나 공부거리, 참고자료 등도 모두 문서속성카드를 붙여 달라고 주문하셨다.

이 과정에서 초기에 많은 직원들이 온라인으로 대통령께 보고서 를 올리는 것을 어렵게 생각했다. 옛날 같으면 보고서만 잘 만들면 되는데 이제는 문서관리카드에 보고서를 왜 만들게 된 것인지, 논의 과정은 어떠했는지 등을 다 정리해야 하니 그게 더 힘들다고 하는 직 원들도 있었다. 해서 몇 차례의 교육과 헬프데스크 운영에도 불구하 고 보고서 내용 이외에도 이런저런 업무처리에 대한 대통령 지적을 받아야만 했다. 물론 칭찬 받는 보고서도 있었는데 그런 경우에는 공 개 가능한 수준으로 수정하여 청와대 홈페이지를 통해 '대통령과 함 께 읽는 보고서'로 공개되기도 하였다.

노무현 대통령은 이지원으로 올라온 보고서를 보시고 보고내용 이나 보고서 처리과정에서 잘했거나 잘못된 부분이 있으면, 무엇이 잘되고 무엇이 잘못되었는지 일일이 대통령이 직접 의견을 달아 내 려 보내셨다. 그런 보고서들은 업무혁신비서관실에도 공유로 보내

주었다. 그러면 우리는 이런 사례들을 모아 직원들이 무엇을 잘못했는지 유형을 분류하고, 비슷한 상황이 재발되지 않도록 유형별로 가이드라인을 만들어 대통령주재 학습 자료나 수석실별 교육 자료로 활용하곤 했다.

이때 직원들이 제일 두려워했던 것은 자신이 지적 받은 내용이 다른 사람들에게 공개되는 것이었다. 그만큼 공직사회가 투명한 공개와 책임성을 두려하는 문화를 가지고 있기 때문인데 그것은 10년이 더 지난 지금도 변하지 않고 그대로인 것 같다.

온라인 보고 초기에 대통령에게 지적을 가장 많이 받았던 것은 '보고서 제목'에 대한 것이었다. 너무도 당연할 것처럼 여기던 보고서 제목에 대해 대통령님은 이 보고서는 "제목이 지나치게 길거나 엉뚱하게 달아서 내용을 파악할 수 없다"고 말씀하시면 그 보고서를 만든 사람뿐만 아니라 대통령 보고 전에 보고를 받았던 사람들도 문제의식 없이 그냥 받아서 넘긴 셈이니 민망하지 않을 수 없었다.

또 많은 지적을 받은 부분이 이 보고서를 대통령에게 '무슨 목적으로 보고한 것'인지 선택하는 부분이었다. 즉, 대통령이 보고서를 보고 어떻게 처리해주기를 바라는 것인지를 밝히는 것이다. '지시·의견을 바라는 것인지', 행사나 회의 자료니 '꼭 읽어보라고 하는 것인지', 아니면 이런 일이 있으니 '그냥 알고만 있으면(참고만 하면)

되는 것인지' 명확히 구분하는 것을 어려워했다. 공직사회의 일하는 방식이 그만큼 두루뭉술해서 보고서만 보면 "무슨 지시·의견을 바라는지 알 수 없다"는 말씀을 자주 하셨고, "보고서의 내용을 보면 무엇에 대해 지시·의견을 달라는 것인지 알 수 없다"고 반문하기도 하셨다. 그리고 보고가치가 없는데 보고를 하거나 보고서 내용을 보고 이해할 수 없어 추가질문을 갖게 하는 보고서를 제일 싫어하셨는데 이런 보고서들은 대통령의 시간과 에너지를 뺏는 나쁜 보고서로 생각하셨다. 이는 업무담당자들이 고객 마인드 없이 자신의 입장에서만 보고서를 만들고 유통하는 경우로 정책도 보고서처럼 고객인 국민을 이해시키기고 혜택을 주기 위해 만들어야 한다고 강조 하셨다.

그래서 참여정부 청와대에서는 첫 출근을 하는 직원이면 지휘고하를 막론하고 누구나 '이지원으로 일하는 방법과 대통령께 올리는 보고서 작성법'을 교육 받아야만 했다. 청와대 파견 공무원들 중에는 처음에는 대통령에게 직접 지적도 받고 실시간으로 지시가 떨어지다 보니 '우리가 보고서 만드는 자판기냐'며 불평하는 직원도 있었지만 1~2년의 파견 기간이 지나고 부처로 돌아가 가서보니, 정확하고 신속한 업무처리가 가능한 이지원 시스템이 얼마나 그리운지 모르겠다고 이야기하는 사람들도 많았다.

【 이지원(e知園) 문서관리 카드 양식 】

현재의 문서관리카드(2006. 2 현재)

△ 문서관리카드는 문서의 생산부터 보고, 검토, 기록, 재활용까지 문서의 라이프 사이클을 체계적으로 관리하기 위해 고안된 새로운 문서양식이다.

△ 문서관리카드는 보고내용에 관한 표제부, 의사결정과정을 기록하는 경로부, 문서의 홍보와 기록관리를 위한 관리속성부로 구성

되었다.

△ 문서처리 과정을 빠짐없이 기록하면 문서를 왜 만들게 되었는지 생성의 정보원천과 주체는 물론 보고와 검토과정, 그리고 어떻게 결정되었는지를 한눈에 파악하기 할 수 있도록 설계하였다.

이지원의 구성

이지원 메뉴체계의 가장 큰 특징은 일반적인 그룹웨어와 달리 업무처리를 촉진하기 위한 프로세스에 따라 메뉴를 구성한 것이다. 그리고 두 번째 특징은 책상 위에 아무것도 없어도 이지원에 접속만 하면 언제 어디서든 일할 수 있도록 나의 책상과 사무실을 고스란히 시스템에 담았다는 것이다.

이지원의 메뉴는 크게 △ 일정, △ 나의구상, △ 나의업무, △ 부서업무 등의 핵심기능과 △ 지식공유, △ 알림판, △ 업무지원 등의 부가기능으로 나눌 수 있는데, 그중 핵심기능의 역할을 소개하면 다음과 같다.

【 이지원(e知園) 메뉴 구성 】

e知園 메뉴 구성

△ '일정'은 개인에게 할당된 단위과제별로 일정계획을 수립하여 업무를 추진하기 위한 곳이다. 매일 아침 출근을 하면 먼저 청와대일정과 부서일정을 확인하고 자신의 하루 업무계획을 수립하도록 하고, 수행결과를 정리함으로써 하루를 마무리하는 개인작업의 첫 관문이었다. 업무수행 결과는 보고서 또는 일지로 기록하여 과제별로 축적하면, 업무평가의 기본 자료로 활용되었다.

△ '나의구상'은 언론정보나 참고자료, 학습자료 등을 관리하는 곳으로 개인의 아이디어나 일의 실마리가 될 만한 것들을 개인의 취향에 따라 관리할 수 있도록 하였다. 실마리가 되는 아이디어나 단서

는 메모형태로 저장해 개인적으로 관리하거나 타인에게 보내거나 공유할 수도 있었는데, 대통령님은 이곳에서 참모들과 함께 연설문이나 책을 공동으로 구상하고 집필하는 공간으로 활용하기도 하셨다.

△ '나의업무'는 내 책상 위의 결재함을 디지털 공간으로 옮겨 놓은 곳이라고 할 수 있다. 이곳에서는 업무수행 과정의 문서가 관리되어 정책이나 업무의 의사결정이 이루어졌다. '나의업무'에서는 문서를 작성하고, 보고를 올린 문서가 '검토·처리'되고, 지시를 하달하는 기능과 각 실에 하달된 지시사항을 확인하고 관리하는 기능까지 모두 이루어졌다. 그리고 디지털 기반으로 회의를 하는 기능도 포함되어 있었다. 이처럼 '나의업무'는 행정업무의 기반이 되는 문서처리 과정을 온라인으로 관리하고 이 과정에서 발생하는 모든 정보를 세밀하게 기록으로 남김으로써 행정업무의 투명성과 책임성을 확보하고, 문서종료 후 업무지식으로 재활용할 수 있도록 하였다.

△ '부서업무'는 내가 속해 있는 부서의 캐비넷을 디지털 공간으로 옮겨 놓은 것이었다. 필요한 자료가 있으면 동료들을 찾아가서 일일이 확인할 필요 없이 다른 사람이 추진 중인 업무도 일목요연하게 파악할 수 있었다. 또한 내가 속한 부서가 해야 할 핵심과제가 무엇이며 어떠한 목표를 언제까지 달성해야 하는지를 항상 손쉽게 파악

할 수 있어서 내가 해야 하는 업무의 방향성을 잃을 위험이 없었다. 또한, 과거에 추진했던 유사 업무를 찾아서 그 당시의 업무추진 과정을 되돌아보고 필요한 경우 첨부된 자료들을 조회함으로써 과거에 했던 일을 반복해서 다시 하는 일은 더 이상 없게 했던 것이다. 더구나 업무관리카드 검색기능을 활용하면 더 쉽게 원하는 내용을 찾아서 나의 업무에 참조할 수 있었다. 뿐만 아니라 관련 부서나 행정부처에서 추진하고 있는 업무현황까지도 손쉽게 파악할 수 있어 구태여 전화나 팩스를 사용하지 않고도 업무파악이 가능했다.

이지원으로 무엇이 달라졌나?

이지원이 정착되기 시작한 2004년 하반기부터 청와대의 일하는 방식은 실질적으로 변화가 일어났다. 그중 대표적인 변화는 온라인 보고였다. 통상 대통령께 보고를 드리려면 대통령 일정부터 잡아야 했던 과거와는 달리 온라인으로 보고를 올리고 피드백을 기다리면 된 것이다. 과거 같으면 행정관이 보고서를 작성해 비서관과 수석에게 보고해 검토를 받은 다음, 대통령 보고되기까지 걸리는 시간은 아주 긴급한 사안을 제외하고는 짧아야 일주일 보통이 몇 주, 어떤 경우는 대통령 보고 일정을 잡지 못해 몇 달씩 기다려야 하는 경우도 있었다.

그러나 이지원 온라인 보고가 도입된 이후에는 중간에 불필요한 대기시간을 혁신적으로 줄일 수 있게 되었다. 온라인으로 올린 대통령 보고는 보통 평균 하루 이틀 안에 대부분의 처리되어 대통령의 피드백 의견을 받을 수 있었다. 실례로 어떤 보고서의 경우 작성자가 보고를 올리고 20분 만에 대통령의 피드백 의견이 첨부된 시행지시가 전달되기도 하였다. 또한 작성자가 보고서를 이지원에 올려놓고 퇴근을 했는데, 대통령님이 새벽 시간이나 주말에도 이지원에 접속해 검토의견을 주시는 경우도 많아 직원들 사이에서는 "대통령님은 언제 쉬시는지 모르겠다"는 말이 나올 정도였다.

2013년 NLL 대화록 폐기 사건과 관련해 검찰 수사를 받던 중 나는 참여정부가 얼마나 철저하게 기록으로 남겼나를 실감한 적이 있었다. 그때 가장 큰 이슈는 '이지원에서 작성자가 문서관리카드를 마음대로 삭제할 수 있었느냐'였다. 그래서 나는 검찰에 불려가 이지원에서 기록을 지울 수 있는지 없는지에 대해 추궁을 받아야만 했는데, 그때 나는 이지원에서는 보고된 문서를 작성자가 마음대로 삭제할 수 없었고, 몇 가지 기준을 근거로 지울 수 있었는데 그런 작업도 운영부서인 업무혁신비서관실 운영자만 할 수 있었다고 설명했었다. 그때 검찰은 참여정부가 남겨 놓은 이지원 기록을 볼 수 있는 권한을 가지고 있었는데 거기서 확보한 자료를 몇 가지 보여 주었다.

그걸 보는 순간 나는 속으로 '진짜 철저하게도 기록했네' 라고 생각하며 쓴웃음을 지었던 기억이 난다. 검찰이 보여준 자료는 우리부서 여직원이 각 실에서 삭제를 요청한 자료의 목록과 그 처리결과를 남긴 일지였다. 자신이 한 일을 하나도 빠짐없이 끝까지 기록했던 것이다.

이처럼 참여정부 청와대는 권력기관으로서 업무처리 과정이 잘 드러나지 않았던 과거정부와는 달리 모든 의사결정 과정을 투명하게 관리하였고, 조직 구석구석에 기록하는 문화가 만들어졌던 것이 참여정부만의 커다란 특징이라고 할 수 있다.

이지원 도입 이후에는 업무파악과 자료검색이 용이해진 것도 빼놓을 수 없는 변화라고 할 수 있다. 비밀과 보안이라는 이름으로 정보의 벽을 높이 쳤던 과거정부와는 달리 참여정부는 이지원을 통해 비밀이 아니라면 많은 정보를 서로 공유하고 참고하며 업무를 수행할 수 있도록 하였다. 또 청와대는 파견직 공무원들이 수시로 들고 나고, 선출직으로 출마하려는 별정직 공무원들도 수시로 들고 나는 상황이었지만 이런 경우에도 이지원을 통해 인수인계를 하거나 인수인계를 받지 못한 경우에도 부서업무를 통해 우리 부서와 내가 해야할 일을 파악할 수 있어 진정한 의미의 디지털 지식의 정원이 되었다고 할 수 있었다.

그 외에 꼭 소개할 것이 디지털회의 시스템이다. 요즘은 종이 없이 회의에 참석하는 것이 일반화되어 가고 있지만 10년 전만 해도 디지털회의는 그렇게 흔한 광경은 아니었다. 참여정부 청와대에서는 일주일에 한 번씩 열리는 대통령주재 수석보좌관회, 국무회의 등 수많은 회의가 있는데, 이때 회의 자료를 만들어 회의장에 배포용으로 복사하는 데 드는 복사용지만 해도 한 달에 약 6,000권은 넘게 소요되었다. 이를 그 당시 비용으로 환산해 보면 한 달에 약 1,500만원에 달하는 비용이 사용되었다. 그러나 디지털회의가 도입되면서부터 회의 자료를 복사할 필요가 없어졌다. 또한, 회의 현장에 꼭 참석하지 않더라도 이지원에서 중계되는 실시간 회의시스템을 통해 더 많은 직원들이 자기자리에서 회의내용을 공유하고 실시간으로 소통할 수 있었다. 뿐만 아니라 회의 자료와 논의결과는 언제든지 검색하여 찾아볼 수 있게 하여 불필요한 업무전달과 전달오류를 줄여 보다 새롭고 창의적인 업무에 매진할 수 있는 업무환경 조성도 이지원이 가져온 변화 중 하나라고 할 수 있다.

이지원 개발팀 격려 오찬

디지털청와대 구축 사업은 2003년 입찰 절차를 거쳐 삼성SDS가

개발에 참여하게 되었다. 2003년 처음 사업을 시작할 때만 하더라도 이 프로젝트에 참여한 사람 중 누구도 5년 동안 지속적으로 고도화 사업에 참여하게 될 것이라고 생각하지는 못했을 것이다. 나 또한 그랬으니까 말이다. 보통의 IT 시스템들은 한 번 분석과 개발 절차를 거쳐 만들어 놓으면, 불편해도 거기에 맞춰 사용자가 적응하는 형태로 활용하는 것이 일반적이었지만 이지원은 지속적인 개선을 통해 최적의 프로세스를 갖춘 최고의 시스템을 추구하였다. 왜냐하면 대통령과 청와대의 업무를 표준화해 본 적이 없었고, 대통령 임기는 정해져 있기 때문에 운영과 개선을 병행해 갈 수 밖에 없었다.

이지원 시스템의 파워 유저는 당연히 노무현 대통령이셨고, 개발 아이디어를 가장 많이 제공한 사람도 노무현 대통령이셨다. 대통령님은 이지원에 대해 만족해 하시면서도 끊임없는 문제의식을 가지고 개선의견을 제시하셨기 때문에 시스템 개발자 입장에서는 굉장히 힘든 프로젝트였다. 어떤 때는 요구하신 기능의 개발이 70~80% 진행되고 있는데, 다시 생각해보니 이런 프로세스가 더 좋겠다고 의견을 내시는 경우도 있었다. 그런 경우 개발자들은 다시 작업을 해야 하는 상황이 발생하기도 했고, 대통령이라는 최고의 고객을 위해 최적의 납기로 대응 하려다 보니 거의 매일 야근해야 하는 등 노고가 이만저만이 아니었다.

그래서 2005년 1월 개발팀 직원들을 격려하기 위한 대통령주재 오찬 자리가 마련되었다. 노무현 대통령은 그날 개발자들에게 내가 얼마나 이지원 시스템을 잘 만들어 줘서 감사하고 만족해하는지 여러 번 말씀하셨다. "우리 아들이 LG전자에 다니는데 내가 자랑을 했더니, 이지원을 보고는 좋다고 기가 막힌다고 하더라"며 이지원 자랑한 얘기를 하시면서 흡족해 하셨다. 그러면서 개발자들에게 애로사항이 있으면 뭔지 들어주겠다며 얘기해 보라고 하셨다. 그때 작업공간이 협소한 문제나 야간 작업시 출입증 문제 등 실질적인 애로사항에 대한 의견도 있었지만 가장 인상적이었던 것은 과제관리 기능을 담당하던 개발자가 조직개편 얘기를 꺼내 모두들 웃었던 기억이 난다.

참여정부 청와대는 초기에 6개월에 한 번씩 조직개편을 할 정도로 조직의 변화가 많았다. 그러다 보니 개인별 업무를 관리하는 과제관리카드가 조직의 변화에 따라 자꾸 족보(소속)를 바꿔야만 했다. 그럴 때마다 과제관리 개발을 담당하는 직원은 시스템에서 조직개편 이전 족보를 새로운 족보에 맞게 코드를 정리해주어야 했는데 이런 일이 수작업이 많아 애로사항이라고 말씀드렸던 것이다. 에둘러 이야기했지만 소원수리의 요지는 "조직개편 그만 좀 하시면 안 되나요?'였다. 그러자 대통령께서는 웃으시면서 "안 그래도 나도 그런 일이 생길 것 같다고 생각했는데. 아직 그 문제를 어떻게 풀지에 대해서는 생각 못해봤는데 나중에 생각해 보고 해결해 주겠다"고 말씀하셔서 모두 웃음을 자아내게 하셨다. 물론 그 후에도 청와대 조직개편은 비슷한 주기로 계속되어 결국 조직개편 이후 정리 작업을 좀 더 쉽게 하는 기능을 구현해야만 했다.

그날 대통령님은 이런 말씀도 하셨다. "〈콰이강의 다리〉라는 영화 얘기를 하시면서 포로가 돼서 일본군이 건설하다가 매번 실패한 다리를 포로들이 포로수용소장의 지휘 아래 철교를 완성합니다. 그런데, 아군이 와서 이 철교를 폭파하려고 할 때 포로로 잡혀있던 사람이 폭파하려고 묻어 놓은 다이너마이트 선을 찾아 갑니다. 왜냐하면 이적 행위인 줄 알면서도 자기 작품을 지키기 위해 이적행위를 하는 사람들이 있게 마련입니다. 여러분도 마찬가지로 이지원에 대한 애정이 있겠지만 근거 없는 애정만 가지고 있으면 안 되고 냉정하게 상황을 볼 줄 아는 그런 애정이 있어야 합니다"라고 말씀하셨다. 이 말씀은 지금 잘 만든 이지원에 안주하지 말고 계속 더 발전시켜 나가자는 각오로 하신 말씀이 아니었을까?

또, "여러분과 함께 작업을 하면서 항상 걱정이 하나 있습니다.

대개 무슨 일이라는 것은 보편적인 포맷이 있습니다. 보편적인 포맷이 있고 보편적으로 하는 방법이 있는데, 내가 이쪽의 전문가가 아니고 하다 보니까 이런 주문 저런 주문 막 해서 그것이 보편적인 틀을 너무 벗어날까 봐 걱정입니다. 앞으로도 여러 가지 어려움이 많겠지만, 열심히 도와 주시구요. 그리고 대통령이 주문을 하더라도 '이건 너무 대통령 중심적이다' 또 '이것은 너무 보편성을 벗어나서 일반적으로 다른 사람이나 조직들이 쓰기에는 좀 적절하지 않겠다' 하는 것이 있으면 과감하게 이의를 제기해 주세요"라고 말씀 하셨다. 그래야 이지원이 좋은 시스템이 될 수 있다고 하셨다.

노무현 대통령은 이지원에 대한 애정을 공개적으로 표현하기도 하셨는데, "이지원만 생각하면 아무리 골치 아픈 생각을 하다가도 기분이 좋아집니다. 이지원 시스템이라고 해서 제가 직접 하나하나 그 설계에 참여하고 토론하면서 매주 한 번씩 전문가들과 회의를 거쳐 만들었습니다(KBS 특별 프로그램 〈참여정부 2년 6개월, 대통령에게 듣는다〉 2005.8.25)"라며 공중파인터뷰에서 직접 소개하기도 하셨다.

이지원 부처 확산 및 특허 출원

　2005년 이지원 시스템이 청와대에 정착되자 노무현 대통령은 정부혁신추진회의 등에서 이지원을 통한 청와대의 일하는 방식을 소개하고 중앙부처에서도 적용 가능한지 전문가들의 검토를 받아보라고 하셨다. 이에 행정부처 및 각계 전문가 그룹을 구성하여 이지원 검증을 위한 설명회를 청와대에서 개최하였다. 보통의 대통령이셨다면 내가 만들었으니 다 가져다 쓰라고 했겠지만 노무현 대통령은 그러지 않으셨다. 전문가들의 충분한 검증을 받아보고 그 결과를 바탕으로 부처 확산 여부를 판단하고자 하셨다.

　검증을 위한 전문가는 크게 공무원, 행정학계 전문가, IT 전문가 등 세 그룹으로 나누었다. 첫 번째, 공무원 그룹은 대면보고 시간의 단축에 큰 관심을 보이면서도 시민단체나 국회 등 정보공개 요구에 대한 우려를 표시하였다. 두 번째, 행정학계 전문가들은 공무원들의 투명한 행정처리가 정책품질 향상에도 크게 기여할 것이라며 청와대가 이렇게 일한다는 것이 놀랍다는 의견이었다. 세 번째, IT 전문가들은 기존의 전자결재 시스템과의 차이를 언급하며 행정업무 전반에 대한 프로세스 설계가 인상적이라고 평가하였다. 공통적인 의견으로는 장차관 등 고위직 공무원들의 마인드 변화가 필요할 텐데 변화관리가 잘 될지 우려가 된다는 의견도 있었다. 그리고 예산이나 인사 평가 등 기존의 다른 시스템들과 연계를 통해 공무원들이 이중으로 입력 작업하지 않도록 해야 한다는 의견도 있었다.

노무현 대통령은 전문가들의 검토결과를 듣고 매우 만족해 하셨다. 그것은 아마도 국회의원시절 많은 시간과 사비 2억을 털어 만들었던 '노하우2000' 이라는 프로그램에 대해 전문가들의 의견을 들은 적이 있었는데, 그때 전문가들은 "프로세스가 너무 복잡하고 디테일해서 범용적으로 사용하기 어렵겠다"는 그리 좋지 못한 평가를 했다고 한다. 그런데 이지원은 전문가들에게 인정을 받아서였을 것이다. 그 후 이지원은 행정자치부가 주관이 되어 부처에 맞게 표준모델을 만들어 시범적용을 거쳐 중앙부처로 확산되었고, 지금도 각 부처에서는 '온-나라시스템' 이라는 이름으로 활용되고 있다.

그러나 안타깝게도 참여정부 이후 이명박-박근혜 정부에서는 시스템을 통한 일하는 방식과 기록에는 관심을 두지 않고 오히려 이전 정부를 공격하기 위한 도구로 기록을 활용하다 보니 공무원들은 전자결재 등 기본적인 것만 형식적으로 사용하고 있다고 하니 공직사회의 일하는 방식을 혁신하는 것은 정말 힘든 일인 것 같다. 사회적 요구와 국민적 요구가 없이는 말이다.

이지원의 중앙부처 확산이 진행될 무렵 이지원의 일하는 방식인 문서관리, 과제관리 등의 업무처리 방식(즉, 비즈니스 모델)에 대해 특허를 출원하기도 하였다. 이미 많은 사람들이 알고 있는 것처럼 노무현 대통령은 고시공부를 하면서도 독서대를 만들고 특허를 출원할 정도로 발명과 문제의식의 대가셨다. 처음 특허가 가능한지 검토해 보라고 하셔서, 나는 특허 출원이 가능한지 알아보고 가능하다는 검토결과를 보고서로 올렸는데, 대통령께서 개발자들과 함께 공동으로 특허 출원하고 싶다고 하셨다. 개인적으로야 대통령님과 함께 특허권자가 된다는 것은 영광스러운 일이었지만 공동참여자로 누구누구를 넣어야 할지, 특허지분은 어떻게 나눌지 등 좀 난감했다. 그래서 이지원 개발에 가장 많이 참여한 제1부속실 그리고 업무혁신비서관실의 몇몇을 공동참여자로 보고 드렸는데 부속실은 빠지겠다는 의지가 강력해 결국 대통령님과 업무혁신비서관실의 강태영, 민기영, 박경용, 조미나 4명이 공동참여자로 등록되어 대통령님 덕분에 공무원의 직무상 발명 특허권자가 되었다.

퇴보하고 있는 대한민국 국가경쟁력

2000년대 이후 디지털 지식정보화 사회로 급변하는 시대적 흐름에 따라 민주정부 10년간 공무원의 일하는 방식은 국가차원의 중요한 문제로 여겨왔다. 국가경쟁력을 높이기 위해 김대중정부부터 시스템을 통한 일하는 방식을 추진해 효율적으로 일하는 정부가 되기 위한 노력의 일환으로 전자정부사업이 추진되었다. 김대중정부의 전자정부는 IT인프라를 구축하고, 신문고 시스템('97) 도입 등 대국민 접점부터 혁신을 시작했다. 그후 공무원의 일하는 방식을 바꾸기 위한 실질적인 노력은 노무현정부의 이지원과 온-나라시스템 등 시스템 혁신을 통한 실적인 변화를 만들고자 하였다. 그러나 공직사회로 뿌리내리기에는 그리 길지 않은 시간이었고 이명박-박근혜 정부 이후 공무원들의 일하는 방식은 다시 과거 방식으로 복귀하고 말았다.

그 결과, 세계경제포럼(WEF)이 발표한 2015년 우리나라의 정부 분야 국가경쟁력은 26위로, 참여정부 말인 2007년 11위에 비해 15단계나 하락 하였다. 이는 일본, 중국, 말레이시아, 인도네시아 등 아시아 주요국에 비해서도 크게 뒤떨어지는 것으로 평가되었다. 특히, 세부지표 중 '정책결정의 투명성'은 2007년 34위에서 2015년 123위로, '공무원 의사결정의 편파성'은 2007년 15위에서 2015년 80위로 대폭 하락했는데, 이는 이명박-박근혜정부를 거치며 공직사회가 퇴행하고 있음을 보여주고 있다(경향신문, 2015.9.30). 거기다 최순실 국정논단 사태로 세계에서도 웃음거리가 되고 있어 아마도 2016년 결과는 더 나빠지지 않을까 우려된다.

　　김형주 LG경제연구원 연구위원은 "자본과 노동에 대한 영향력이 큰 한국에서 공직사회가 취약해서는 잠재성장률을 높이기 어렵다. 경제구조가 성숙해지려면 정부조직의 경쟁력을 높이는 것이 더 효과적일 수 있다"고 말하고 있다(경향신문, 2015.9.30). 박근혜정부 이후 차기에 어떤 정부가 탄생할지 모르겠지만, 다음과 같은 세 가지를 부탁드리고 싶다.

　　참여정부에서 활용했던 이지원과 같은 시스템을 통한 일하는 방식을 청와대가 먼저 솔선수범해 주기 바란다. 이를 통해 첫째, 공무원의 정책의사결정과정이 투명하게 드러나기를 바라며, 둘째, 공무원 개개인이 방향성을 가지고 업무를 수행하기를 바라고, 셋째, 공무원뿐만 아니라 국민의 알 권리를 보장하고 지식의 재활용성을 높일 수 있도록 철저하게 기록하며 업무를 처리해 주기를 국민의 한 사람으로서 간곡히 부탁드린다.

절반의 실패 절반의 성공에 대한 추억

김은경

절반의 실패
절반의 성공에
대한 추억

김은경 _ 참여정부 민원제안비서관 및 지속가능발전비서관

민원제안비서관실의 아침

모든 국민들이 소위 청와대에 민원을 제기하는 창구인 대통령비서실 민원제안비서관실의 아침은 한바탕 소용돌이가 지나가야 일과가 시작된다. 아침마다 전화해서 찬송가를 불러주는 민원인도 있고, 자기가 믿는 무슨 종교를 국교로 선정해달라며 수화기 들고 기도하는 민원인도 있고, 청와대에 아들 취직을 시켜달라는 사람도 있다. 이런 애교 있는 단골손님들은 매일 한 번씩, 혹은 일주일에 서너 번씩 전화를 하는 터라, 한동안 전화가 안 오면 오히려 직원들끼리 그 아줌

마 요즘 전화 안 오는데 무슨 일 있는 건 아닌지 걱정을 하기도 한다.

하지만 이런 평화스러운 전화만 있는 것은 아니다. 전화민원을 담당하는 담당자들은 고함과 욕설을 듣는 일이 다반사다. 대개 전화민원은 여성이 담당하는데, 무조건 남자 직원 바꾸라는 요구에서부터, 책임자 바꾸라고 소리를 지르는 사람들도 많다. 경찰에서 파견 나온 베테랑 여형사가 조곤조곤 설명을 하지만, 똑 같은 이야기를 몇 번씩 되풀이해도 여전히 막무가내다. 보다 못한 옆자리 목청 좋은 남자 직원이 대신 받아 보지만, 그도 목청이 높아진다. 모두는 아니지만, 호통을 치면 오히려 조용해지는 사람들도 꽤 많다. 지켜보는 나도 씁쓸하지만, 민원을 담당하는 직원들의 스트레스는 심각하다. 상담직 직원들을 위한 수퍼 상담이 필요하지만 대통령비서실의 근무 조건은 오히려 열악하다.

이런 상황이 이해가 가는 것은 청와대에 민원을 제출하는 사람들은 정말 마지막으로 기댈 곳을 찾는 사람들이라는 점 때문이다. 어느 한 부서에서 민원이 생기면 해당 부서 뿐 아니라, 고충처리위원회(현 국민권익위원회), 국무총리실, 감사원, 대통령비서실 등등 모든 곳에 민원을 넣고, 어느 한 곳에서라도 자신의 문제를 제대로 다루어주기를 기대한다. 이런 사람들은 오랫동안 민원을 제기하면서 이미 감정이 많이 상해 있는 상태이고, 이미 소송으로 경제적 기반과 삶을 망쳐

버린 사람들도 적지 않다. 오랫동안 기술개발을 열심히 해서 시장에
내놓았는데, 대기업에서 자신들의 기술이라고 주장한다는 영세 기업
주들의 민원도 적지 않은데, 이들은 이미 법원에서 패소하고, 가산을
다 날린 후라 청와대라고 달리 방법이 없다. 보험회사들이 보험금을
주지 않는다는 민원도 많은데, 이런 경우 역시 사법부의 판단을 받아
야 하는 경우이다.

　이런 벼랑 끝에 몰린 사람들이 예의 차리고, 정중하게 전화를 걸
지 않는다고 탓할 수도 없다. 하지만 매일 그러한 전화를 받아야 하
는 사람의 고충 또한 만만치 않은 터라 내 방에 앉아 있어도 조마조마
한 마음으로 직원들의 목소리에 귀가 모아진다. 이렇게 10시쯤이 지
나면, 일단의 소란이 가라앉고 이제 집중해서 일을 할 수 있는 시간이
된다.

　담당자들은 당일 접수된 민원 중에서 대응이 필요한 민원들을 추
려 가지고 들어와서 대응 방안을 의논한다. 어느 날 한 직원이 일본
에서 사고가 난 가족의 전화 민원을 가지고 왔다. 한국으로 환자가
돌아와야 하는데, 의사가 동행하지 않으면 허락이 안 된다는 것이다.
갑자기 의사를 구할 수가 없으니 도와달라는 요청이었다. 이러한 문
제들은 명령계통과 업무 범위를 따지면 주어진 시간 안에 해결이 불
가능하다. 몇몇이 모여서 머리를 짜내다가 당시 유명했던 '시골의

사'에게 전화를 걸어서 부탁을 해보기로 했다. 국가라는 존재가 모든 것을 할 수 없다는 점에서 보면 어쩌면 당연한 일일지도 모르지만 국가의 최고 정점에 있는 기관에서 일반인의 자원봉사에 의지해 문제를 풀어야 하는 상황이라는 것이 참 민망했다. 이것저것 깊이 생각하고 따질 상황이 아니었다. 급한 마음으로 전화를 걸었는데 오히려 그분이 정말 쉽게 승낙을 해 주셨다. 놀란 것은 오히려 우리였다. 진행하는 과정에 민원인이 다른 방안을 찾았다고 해서 실제로 가지는 않았지만, 시골의사의 봉사 정신은 잊히지 않는다.

민원비서관실에 민원이 들어오는 또 하나의 통로는 우편물이다. 아침마다 들어오는 서신 민원들은 내용을 정리해 기록하고 특별한 조치가 필요하지 않은 민원은 고충처리위원회로 보내고, 처리 과정을 관리한다. 이 서신 민원이 올 때는 아이들이 대통령님이나 영부인께 삐뚤빼뚤 쓴 엽서도 함께 온다. 대개는 간단한 답장을 하는데, 개중에는 특별한 조치를 취하는 경우도 있다.

하루는 한 어린이가 생일에 꼭 케이크를 먹고 싶다는 소원을 담은 엽서를 보냈다. 이런 문제를 대할 때면 '이 아이의 소원을 들어주면 다른 모든 사람들의 요구도 들어줘야 하는데, 감당할 수 있을까?' 하는 방어적인 생각이 든다. 물론 그 점도 고려는 해야겠지만, 모든 어린이가 케이크를 청와대에 요구하는 것도 아니고, 무엇보다도 그 소원을 보낸 아이의 두근거리는 기대를 저버리기는 어려웠다. 대통령 영부인을 모시는 제2부속실 비서관과 의논을 했더니 흔쾌하게 승낙해 그쪽으로 민원을 넘겼다. 영부인의 카드가 들어있는 케이크를 받은 그 아이를 상상하는 것으로 그날 우리 방 직원들은 모두 행복했다.

직접 처리해야 할 민원들은 분야별 담당자들이 조사하고, 정책부서들과 필요한 경우 다른 부서와 협의하기도 하고, 조정하기도 한다. 특히 고충처리위원회에서 오랫동안 미해결된 과제들을 가지고 오면, 관련 당사자들을 함께 불러 조정하기도 한다. 이런 경우는 대부분 부서간의 시각이나 권한의 차이 혹은 기존 관행의 문제 때문에 처리가 안 되는 경우이다. 청와대에서 결정을 했다는 것을 근거로 문제들을 처리하면 되는 일이다.

이렇게 아침 시간이 간다.

드디어 벌어진 실수

"국민들이 행정에 한을 갖게 하지 마라. 행정에서 억울함을 풀어주지 못해 한을 갖게 되면, 국민들은 일생을 송사로 인생을 망치게 된다. 민원을 해결할 때 '법 때문에, 제도 때문에'라는 말 하지 마라. 민원을 발생시키는 법과 제도를 고쳐서 국민들이 억울하지 않도록 해야 한다."

대통령님의 말씀은 늘 그렇듯이 명쾌했다. 환경피해를 직접 겪고 시민운동을 거쳐 지방자치에 참여했던 내게 그 말씀은 내가 지방자치에 참여했던 동기를 되돌아보게 했다. 인수위에서 환경정책을 담당했지만, 행정부서와 같은 편재로 대통령비서실을 구성해 옥상옥이 되지 않도록 한다는 원칙 때문에 환경정책비서관 자리는 만들어지지 않았다. 물론 만들어진다고 내가 간다는 보장도 없는 일이었지만, 어쨌든 나는 대통령비서실에 바로 참여하지 못했다.

내가 다시 대통령비서실에 합류하게 된 것은 2004년 6월부터였다. 당시 내부 문제로 비어있던 민원제안비서관으로 오라는 제안을 받았다. 기초자치단체와 광역자치단체에서 지방의원으로 일하면서 주로 환경정책을 다루었지만, 정책이 선택과목이라면 주민들의 민원을 듣고 처리하는 일은 기본과목이라고 할 수 있을 정도였다. 덕분에 민원제안비서관의 역할이 크게 어렵게 느껴지지 않았다. 비주류 중에 비주류에 속하는 한직이지만, 내게는 대통령님의 말씀 자체로 가슴 뛰는 일이었다.

일을 하면서 더욱 매력 있었던 것은 일의 체계를 보는 것이었다.

대통령님은 국가가 정책을 입안하고 실행하고 나면 국민들의 민원으로 그 평가를 받는다고 생각하셨다. 그래서 전체 행정 체계의 마지막 단계에서 주민들의 의견을 듣고 행정에 환류하는 민원처리와 그 민원 속에 포함되어 있는 문제를 유발하는 제도를 개선하도록 하는 기능을 중요하게 생각하셨다. 인수위 시절 시민사회의 제안을 받아들이는 창구를 만들고, 대통령비서실에 그러한 기능을 담당하는 수석을 두었던 것은 그러한 대통령님의 뜻이었다.

근래 거버넌스라는 말이 많이 쓰이고 있지만, 당시 2000년 대 초에는 아직 거버넌스에 대한 이해가 별로 없었던 시기였으나 대통령님은 이미 그러한 체계를 머릿속에 그리고 계셨다. 정부 이름을 참여정부라고 지었던 것은 지금 시점에서 보면 10년을 앞서 가셨던 것 같다.

드디어 일이 터졌다. 대통령님께서 임대주택 건설사의 부도로 입주자들이 겪는 고통을 다룬 TV 시사 프로그램을 보시다가 문제가 무엇인지 파악하라고 지시하셨고, 다음날 아침 수석보좌관회의에서 대통령님이 보셨던 방송이 압축되어 상영됐다. 물론 나는 이미 보았던 프로그램이었고, 그 건은 민원으로 접수되어 담당 비서관하고 이야기를 나누었던 건이었다. 담당 비서관은 너무도 별문제 아니라는 입장이었고, 문제를 조사해 제시하기에는 시간이 걸릴 수밖에 없었던 터였다. 수석보좌관회의 말석에 앉아있던 나는 프로그램이 화면에 비추어지는 내내 눈물을 참을 수 없었다. 내 잘못이라는 생각을 떨칠 수 없었다. 내가 정치를 시작한 일이나 이 자리에 있는 이유가 무엇인데 이런 일이 벌어지고 대통령이 문제를 지적하실 때까지 대처를 하지 못했던가 싶어 정말 속상했다. 이유야 어떻든 가장 어려운 사람들이 정책의 미비로 인해 고통을 당하는 상황을 민원으로 인지하고도 적극적으로 해결하지 못했다는 자괴감은 한동안 가시지 않았다. 이후 그 사안은 민원제안비서관의 손에서 떠나 해당 비서관이 책임지고 처리해야 할 일이 되었다.

그날 내 옆자리에 앉았던 언론비서관은 지금도 그때 일을 종종 이야기한다. 수석비서관회의에서 울었던 여성비서관 이야기로 블로그에 글을 올리기도 했다. 좋은 뜻이었겠지만, 창피한 사실이 더 널리 퍼지는 것 같아 참 곤란했다. 어떠한 변명도 할 수 없는 창피함, 무력감… 골을 막지 못한 골키퍼의 심정이 이렇겠지 싶었다.

희망제작소의 탄생과 대통령비서실의 민원 제안 시스템

박원순 당시 참여연대 대표가 새로운 조직을 만드는데 한번 만나서 이야기를 하고 싶다는 연락이 왔다. 담당 과장과 실무자와 함께 안국동 참여연대 사무실로 가서 박원순 변호사의 이야기를 들었다. 시민들로부터 불편함이나 문제제기 혹은 제안을 받아 정책개발을 하고 싶다는 내용이었다. 아이디어가 많고 시민운동 경험이 많은 박원순 대표의 장점을 발휘할 수 있는 좋은 제안이었다. 근래 서울시장으로 그가 만들어내는 많은 정책들로 보아도 그때 그러한 제안을 받아들였다면 다양한 아이디어들로 정책을 만들어냈을 것이라고 생각된다.

그러나 그러기 위해서 정부의 민원제안 시스템으로 접수되는 모든 내용을 희망제작소를 먼저 거치도록 해달라는 요구는 들어줄 수 없는 불가능한 것이었다. 희망제작소가 자체적으로 접수한 민원이나 제안을 정책이나 제도로 제안해 준다면 적극적으로 수용할 수 있는 일이었지만, 정부에 접수된 민원을 외부 시민단체로 그대로 유출한다는 것은 불가능한 일이었다.

사실 박원순 대표가 희망제작소를 설립할 때 구상한 시스템은 이미 정부에 만들어져 있었다. 제도개선비서관실은 그런 제안이나 민원에서 제도 개선이 필요한 과제들을 찾아내 개선하는 것이 과제였다. 그 구성원들도 시민사회 출신의 공익적 활동 경험을 가진 사람들로 채워져 있었다. 대통령님은 공익적 활동 경험을 가진 사람들이 공직에 들어가 활동할 수 있도록 경력으로 반영해 주는 제도도 만들었다. 민원이나 제안이 희망제작소를 거치는 장점은 공무원들의 시각과 관성을 벗어나 시민사회의 관점으로 문제를 보는 것이다. 이미 당시의 대통령비서실은 박원순 변호사가 생각하는 과제를 다루는 조직뿐 아니라 인적 구성까지 갖추고 있었다. 물론 박원순 변호사와 아이디어를 겨루기는 어려웠겠지만….

현실적으로 어렵다는 설명을 드리고 돌아왔지만, 돌아오면서 역시 대통령님의 생각은, 참여정부의 시스템은 앞서 있다는 생각으로 기분이 좋았다.

누구도 지울 수 없는 신문고 민원

민원 관리하는 일상적인 업무를 수행하면서도 늘 고민해야 했던 과제는 국민고충처리 시스템 개편이었다. 당시에 국민들은 민원이 생기면 8개 기관에 민원을 제기했다고 한다. 민원이 발생된 부처를 비롯해 대통령비서실, 국무총리실, 국민고충처리위원회, 감사원 등등에 중복해서 민원을 제기함으로써 정부의 행정력 낭비도 심하지만, 민원인들의 정부에 대한 신뢰가 낮은 것도 문제였다. 이런 구조를 근본적으로 해결하기 위해서 신뢰받을 수 있는 안정적이고 효율적인 민원처리 시스템을 새로 설계하고, 개발하는 것이 민원제안비서관의 과제였다.

무엇보다도 민원을 일으킨 공무원에게 민원이 전달되어 민원 자체가 증발되는 기존 민원처리 구조를 개선할 필요가 있었다. 새로 개발하는 시스템은 민원이 한 번 제기되면 누구도 그 기록을 없애지 못하게 하고, 모든 처리 기록이 남도록 설계했다. 민원인이 자신이 제기한 민원의 처리 과정을 쉽게 볼 수 있도록 하고, 부처별로 어떤 민원이 어떻게 발생하고 어떻게 처리되는지에 대한 통계자료를 생산하고 관리하기 쉽게 하고, 그 실태를 대통령께 보고할 수 있도록 했다.

시스템을 설계하고 개발하는 일은 문제가 아니었다. 프로그램 개발 경험이 있었던 터라 사업자를 선정하고, 사업자에게 시스템 설계를 맞기고 감독하는 일은 어렵지 않았다.

문제는 업무의 변화에 대한 공무원 내부의 반발이었다. 그동안 고충처리위원회(이하 고충위)는 그 기관에 접수된 민원만 처리하면 되었으나, 새로운 시스템에서는 국가 전체의 민원 관리를 담당해야 하는 등 업무가 확대되고, 업무의 내용도 민원처리 시스템의 관리와 같은 기술적인 일들이 추가되었다. 실제로 고충위의 인적 구성이 이런 전문지식이 필요한 일을 감당할 수 있는 상황이 아니었다. 당시만 해도 아직 컴퓨터 시스템이 그리 일반적이지 않아서 대통령비서실의 'e智園' 시스템을 대통령님이 직접 구상하시고 개발을 지휘하시는 상황이었다.

우선 인적 자원 문제를 해결해야 했다. 당시 부처의 산하 기관에는 부처에서 잘 적응하지 못하거나 퇴직을 앞두고 일을 맡기기 어려운 사람들을 보내는 경우가 많았다. 통계를 내보니 행자부 직원의 평균 연령에 비해 고충위 직원들의 평균 연령이 월등히 높았다. 행자부와 통계자료를 놓고 고충위에 평균연령이 낮아질 수 있도록 10여 명의 직원들을 행자부로 돌려보내고, 대신 고시출신 신규 임용자를 비롯해 일할 수 있는 젊은 직원들을 충원해 주도록 요청했다.

청와대에서 근거를 가지고 요구하는 일이라 거부하지는 못했지만, 행자부로서는 기분이 나쁠 수밖에 없었다. 행자부 차관의 불만을 전해들은 정책실장님으로부터 월권이라고 꾸지람을 들었다. 다시 생각해봐도 그렇지 않았으면 국민고충처리위원회의 혁신이나 국민신문고 시스템의 정비는 불가능했을 것이다. 개별 인사에 대한 월권이 아니라 관할 조직의 운영을 위해서 인사 원칙의 관점에서 해결 방안을 제안했다는 점이 그나마 꾸지람 선에서 넘어갈 수 있었던 이유였던 것 같다. 이후 사석에서 행자부 차관은 그 사태가 행자부 사상 전무후무한 사건이었다고 황당해 했다. 사실 좀 많이 미안하기는 했다.

국민신문고 시스템 개발이 막바지로 가면서 또 다른 문제가 생겼다. 개발을 맡은 업체가 일정을 맞추지 못해서 지체상금을 물어야 할 상황이 되었다. 개발 회사에 민원비서관실의 전산 업무 담당자들을 보내 상시로 진행상황을 파악하고 있었는데, 용역사가 인력 문제 등으로 계속 일정을 맞추지 못했다. 회사의 고위 관리직이 비서실로 들어와 상황을 설명했지만, 의사결정은 오로지 내 몫이었다. 계약서대로 지체상금을 물리느냐 아니면 유예를 해 주느냐를 결정해야 했다. 당시 개발회사가 인력을 조달하지 못해서 어려운 상황이었는데, 내 판단으로는 그에 대해 적극적인 대안을 내지 않고 있다는 것이 문제로 보였다. 대기업 계열사라 그런지 크게 긴장하는 것 같지 않았고, 기간을 연장해 주더라도 문제를 해결할 수 없을 것으로 보였다. 그렇지만 회사에 지체상금을 물리는 것은 많은 문제가 있다. 당장 물어야 하는 지체상금보다도 그 기록이 남는 것은 기업체로서 향후 사업에 많은 문제를 가져올 수 있기 때문이다. 원칙을 적용해야 할 것인가, 아니면 기업의 사정을 보아 주어야 할 것인가를 두고 많은 고민을 했다.

결론은 원칙대로 가는 것이었다. 대통령비서실이 아니었으면, 아마도 다른 결정을 할 수도 있었을지도 모르겠다. 하지만, 대통령비서실이 사업자와 맺은 계약을 어떻게 집행하는가는 단순히 하나의 거래 이상이라는 생각이 들었다. 민원제안비서관으로서 가능한 한 정해진 일정에 많이 뒤처지지 않기 위해서라도 경고를 할 필요가 있다는 생각도 있었다. 결국 그 업체는 대통령비서설에 지체상금을 무는 새로운 기록을 갖게 되었다.

지나놓고 보면 내가 너무 여유가 없는 원칙주의자라는 비판에 딱 들어맞게 된 사례가 되었다. 우여곡절 끝에 신문고 시스템이 완성되고, 고충처리위원회의 운영 체계도 갖추어졌다.

고충처리위원회 혁신: 절반의 성공

고충처리위원회에 들어오는 민원 중에 경찰, 검찰, 군에 관한 민원은 권력을 가진 국가 기관에서 발생한 민원이라는 점에서 특별한 주의가 필요하다. 이런 기관들은 조직의 응집력이 강하고, 상대적으로 폐쇄적이어서 내부에서 발생한 문제들이 외부에 잘 알려지기 어려운 특성이 있다. 군대에서 의문사나 폭력 문제들이 계속 발생하지만 사건의 내막은 밝혀지기 어렵다. 고이 기른 아들을 군에 보내 잃거나 다친 부모들의 하늘이 무너지는 슬픔을 달래기에는 너무도 의문투성이다. 검찰이나 경찰에 대한 민원은 잘잘못을 가려야 할 기관이 오히려 억울함을 증폭시키지만, 그 기관 내부에서 민원을 처리하게 돼 그 내막을 공정하게 밝히기 어렵다. 세 조직에서 발생한 민원들이 공정하게 다루어 지기 위해서는 외부에서 민원을 처리하는 것이 필요하지만 그럴 수 있는 적절한 기관이 없었다. 고충처리위원회의 일반적인 기능으로는 이 기관들의 민원을 제대로 처리하기 어려웠다.

이런 문제점을 개선하기 위해서 고충처리위원회의 혁신에 세 기관의 민원을 다룰 수 있는 옴브즈만을 설치하는 것이 과제로 주어졌다. 가장 큰 문제는 각 기관을 설득하는 일이었다. 각 기관에서 이러한 제도를 받아들여 내부에서 발생한 민원을 이 옴브즈만이 조사할 수 있는 권한을 인정해야 했다. 대통령은 모든 권한을 가지고 있고, 그 권한을 가지고 대통령비서실은 모든 것을 할 수 있을 것 같지만, 사실은 전혀 그렇지 않다. 특히 지금까지 가졌던 권한을 줄이는 새로운 제도를 만들어간다는 것은 당사자들이 동의하지 않으면 진행될 수 없다. 설사 명령에 의해 제도가 만들어졌더라도 동의를 전제로 하지 않는 제도는 오래갈 수가 없다.

설득을 위해서는 일단 거부감이나 두려움을 없애주는 것이 필요하다고 판단했다. 이를 위해 군 옴브즈만을 가장 모범적으로 운영하고 있는 독일, 경찰 옴브즈만의 모델인 스코틀랜드, 그리고 검찰이 참고할 만한 스웨덴의 사례를 각 기관의 대표들이 직접 보고, 질문을 하면서 그 제도를 이해하는 기회를 마련해주기 위해 출장을 기획했다. 군, 경찰, 검찰과 민원비서관실, 민정비서관실의 대표로 구성된 출장 팀을 짰다.

북구의 겨울이 춥고 우울하기도 하지만, 그 당시의 여행은 그 우울한 감성조차 느낄 수 있는 상황이 아니었다. 그나마 낮에는 공식적인 일정들이 그런대로 잘 진행되었다. 방문 기관의 설명도 경청하고 관심사에 대해 질문도 하고, 적어도 청와대 프로그램에 참여하는 정도의 엘리트로서 손색이 없었다.

그러나 공식행사가 아닌 사석에서는 늘 일촉즉발의 위기가 감돌았다. 특히 검찰과 경찰은 당시 예민했던 검·경의 수사권과 기소권 분리를 두고 사사건건 부딪혔다. 벨파스트의 식당에서 저녁을 먹으면서 얼마나 심각하게 이야기가 오고 가는지, 가이드가 말려야 할지 말아야 할지 어쩔 줄을 몰라했을 정도였다. 급기야 크리스마스 트리가 찬란했던 런던 피카딜리 써클 근처 술집에서는 거의 육탄전이 벌어질 뻔했다. 남자들이란… 참으로 특별한(?) 여행이었다….

그 결과는 2:1, 군 옴브즈만과 경찰 옴브즈만은 설치했으나 검찰은 끝끝내 동의하지 않았다. 요근래 정말 막장 같이 드러난 검찰의 온갖 비리를 보면서, 그때 옴브즈만이 설치되었다면 어땠을까 하는 생각이 든다. 완전한 해결은 아니었어도, 어느 정도는 견제할 수 있는 방법이 되지 않았을까? 결국 검찰이 자정작용을 할 수 있는 어떤 장치도 없다는 것이 스스로 국민들의 신뢰를 잃게 되는 원인이 된 것이 아닌가 싶다. 개인적으로도 많이 아쉬웠지만, 내 능력을 벗어나는 일이었다.

　이런 저런 우여곡절을 거쳐 국민신문고 시스템이 완성되었고, 국민고충처리 혁신안도 마련되었다. 이제 대통령님 모시고 보고를 하는 일만 남았다. 보고자료 검토하고, 행사장 검토하고 정신없이 지나갔다. 그러나 실제 보고는 행자부가 한다. 대통령비서실은 정부에 새로운 시스템이 필요한 경우 그 시스템을 개발한 후 실행 부서에 넘겨 운영하도록 하는 것이 일반적이다. 업무를 기획하고 실행한 우리는 그림자일 뿐이다.

　보고는 잘 끝났다. 대통령님께서는 "이 시스템이 될까 했는데, 되네요"라고 하시면서 많이 기뻐하셨다고 부속실비서관이 전해 주었다. 이 한 마디가 대통령비서실에 근무하는 사람들이 힘든 근무 여건을 감수하면서 받고 싶은 가장 큰 상일 것이다. 물론 부상으로 봉투도 받았고, 그해에 훈장도 받았지만 내가 만든 시스템이 대통령님의 생각에 맞는 것이었다는 것은 무엇보다도 큰 상이었다. 또 하나 좋았던 것은 가장 근무조건이 열악하고, 힘없는 부서로 대접받지 못하던 민원비서관실이 칭찬도 받고, 훈장도 받음으로써 직원들에게 큰 힘이 되었던 점이다.

장항 매립사업 중단

2006년 지속가능발전위원회로 자리를 옮겼다. 2005년까지 민원제안비서관실에 주어졌던 과제들은 대체로 마무리되었고, 비서실 내의 몇몇 다른 자리 제안이 있었다. 개인적으로 부채의식이 있는 환경문제를 다룰 수 있는 대통령자문 지속가능발전위원회의(이하 지속위)를 선택했다. 참여정부의 대통령비서실은 각 부처 위에 옥상옥이 되지 않게 한다는 원칙하에 환경정책을 사회수석 아래 사회정책비서관이 함께 다루는 구조였다.

대통령 선거 운동 때부터 환경문제들은 사회적 갈등을 일으키고 있었다. 새만금, 천성산, 경인운하, 북한산 관통도로, 한탄강 댐 등 그동안 개발과 보전의 대립이 심했던 사업들에 대해 재검토하겠다고 약속했지만, 모두 그대로 진행되면서 환경단체들이 광화문에 텐트를 치고 농성에 들어갔다. 환경단체들은 대통령비서실에 환경문제를 다룰 수 있는 조직 설치를 요구했다. 당시 환경정책을 사회정책비서관실에서 담당하고 있었지만, 사회정책비서관의 주된 업무가 되지는 못했다. 더구나 환경정책은 대부분 건설교통이나 산업자원 등의 거대 부서와 다투어야 하는 문제로 점잖게(?), 부차적인 업무로 할 수 있는 일이 아니었다. 시민사회수석실이 있었지만 사회갈등 이후 단계에 위치하고 있어서 사전에 타 부서의 정책들이 환경적 문제를 일

으키지 않도록 조정하는 기능은 부족했다. 이런 상태에서 환경단체
들의 항의를 수용하는 방법으로 정책과제를 개발하는 기능을 가진
지속위에 시민사회출신 기획운영실장을 두고, 대통령비서관을 겸직
하게 하는 절충안이 마련되었다.

　지속위에서 다루었던 가장 큰 갈등과제는 장항 매립사업이었다.
원래 장항 매립사업은 노태우 대통령의 대선공약으로 서해안의 대부
분을 매립한다는 계획의 일부분이었다. 그 계획에 따라 새만금 매립
사업과 금강을 사이에 두고 장항과 마주보고 있는 군산 앞바다 매립
사업이 완료되었으나 장항 매립사업은 미루어져왔다. 예전에는 장
항이 군산에 못지않은 발전된 항구였으나, 장항의 제철 사업이 쇠퇴
하면서 장항의 기능은 점점 축소되었고, 장항 주민들은 군산에 비해
상대적 박탈감을 느껴왔다. 그런 상태에서 현재 국가산업단지가 너
무 많아서 매립해도 분양되기 어렵다느니, 매립해도 지역 주민들에
게 별 혜택이 돌아가지 않는다든지 하는 말은 별로 설득력이 없었다.
자치단체장들이 임기 중에 가능하면 많은 개발 사업을 유치해 토건
사업으로 성과를 내세우려고 하는 것도 지역주민들의 생각을 바꾸기
어려운 여건이었다. 지역의 일부 환경단체들을 중심으로 매립에 반
대하는 의견이 있었지만, 대체적으로 매립 요구가 큰 상태였다. 이들
은 버스를 대절해 정부종합청사 앞 광화문광장에서 반대 집회를 하

고, 군수가 정부종합청사 입구에서 단식 농성을 하기도 했다.

처음 타본 대통령 전용열차, 간신히 건진 작은 불씨

대통령비서설에서는 시민사회수석실에서 갈등을 조정하는 역할을 맡게 되었다. 조정 방향은 가능한 한 매립면적을 줄이는 데 초점을 맞추고 있었다. 환경분야의 많은 시민운동가들이 참여하고 있는 지속위는 기존의 사화갈등이 되었던 사업들을 중단시키지는 못했지만, 참여정부에서 새로운 갯벌매립 사업을 착공하는 것은 받아들일 수 없다는 입장을 지켜왔다. 조정이 제대로 되지 않으면서 서천군수는 대통령에게 현장 방문을 요청했다.

2006년 10월 어느 토요일 서울역에서 대통령 전용열차가 서천군 장항역을 향해 출발했다. 전날 밤 늦게까지 연안 해안 관련 연구자들의 의견을 모아 우리의 의견을 전달한 문건을 만들고 이른 아침에 서울역에서 그 기차에 합류했다. 서너칸으로 구성된 전용열차의 한 칸에 회의실이 갖추어져 있었다. 내려가는 길에 사전 브리핑과 토론이 예정되어 있고, 서천에 도착해 점심을 먹고 매립 사업 대상 갯벌을 둘러 본 다음, 올라오는 길에 현장 방문 결과를 감안해 방향을 결정하는 회의를 하는 것으로 일정계획이 잡혀 있었다. 사회정책수석과 사회정책비서관, 지속위 위원장과 지속위 기획운영실장이었던 나, 해양 연안관련 연구자 두 명이 배석했고, 기억은 없지만 아마도 건교부 관련 수석과 비서관도 당연히 있었던 것 같다.

내려가는 길에 해양연구원 쪽 전문가들의 연안 정책에 대한 기조 설명이 있었다. 갯벌의 가치에 대한 세계적인 재인식, 갯벌정책의 전환, 우리나라 갯벌의 현황과 보호 정책을 위한 연구들을 요약해서 설명했다. 대통령님의 마음은 그다지 움직이는 것 같지 않았다. 전직 해수부장관이었던 대통령님이 그 정도 내용을 몰라서 매립사업을 중단시키지 않는 것은 아니었을 것이다. 왠지 현장 방문이 유리하지 않을 것 같은 불길한 생각이 들었다.

금강하구 근처 식당에서 서천의 특산물인 전어로 점심을 먹고 매립 대상지로 갔다. 서천군수는 "이 갯벌이 죽어가고 있어서 주민들에게 도움이 되지 않는다. 매립해서 산업 단지로 만드는 것이 서천군민들이 먹고 사는 길이다"는 요지의 주장을 뒷받침할 적지를 선택해 현장을 보여줬다. 370만평 매립예정지 중에서 어떻게 딱 이런 지역을 골랐나 싶게 시커먼 갯벌지역이었다. 현장 방문에 대해 지속위에서도 현장을 보시면 대통령님도 갯벌 보전에 힘을 실어주실 것이라는 기대가 있었다. 대통령님이 갯벌을 돌아보시면서 "물가에 새들이 별로 많지 않네요?" 하시는 말씀에 가슴이 철렁 내려앉았다. 아! 이

제, 매립 중단은 물 건너가는 건가?

현장 방문을 마치고 돌아오는 전용기차 회의실은 내려갈 때보다
더 큰 긴장감이 감돌았다. 해양연구원에서 전국의 갯벌을 조사해 건
강성 등급을 메기는 연구를 했던 연구원은 자신의 연구가 갯벌 매립
의 근거로 이용되는 것에 거의 울먹이면서 해명을 했다. 서천의 갯벌
이 다른 지역보다 건강상태가 나쁘다는 것은 이 지역의 갯벌 보전 활
동이 시급하다는 뜻이지 그래서 갯벌을 매립해야 된다는 것은 아니
라는 것이다.

하지만 대통령님의 생각은 명확해 보였다. 갯벌 보존의 중요성을
모르는 것이 아니라, 그렇다고 해서 상대적으로 낙후한 지역 주민들
이 계속해서 경제적인 기회를 갖지 못하는 것은 문제라는 것이다. 서
천 주민들이 배고프더라도 생태계를 위해 갯벌 보전하라고 할 수는
없다는 것이다. 결국 공방이 오가다가 대통령님은 "정 그렇게 갯벌
을 보전하고 싶으면 환경부나 해수부가 지역 주민들에게 도움이 되
는 투자 방안을 만들어 보든지" 라는 말씀을 하셨다. 명확하게 대
안을 만들어라 하는 지시는 아니었지만, 이 말씀은 꺼져가는 갯벌 보
전에 희망의 불씨가 되었다. 적어도 대안을 만들어 제시할 수 있는
근거는 되는 것이니까.

고집불통이라는 비난과 원칙 사이

　이런 정책조정 과정에서는 늘 벌어지는 풍경이 있다. 문제제기를 하는 사람만 모진 사람이 된다. 대체로 "좋은 게 좋은 거지, 뭐 그렇게 끝까지 물고 늘어지냐"는 암묵적인 분위기에서 끝까지 원칙을 고수하는 사람은 비합리적인 고집불통이 된다. "대통령님이 이만큼 하셨으니, 이제 그만 고집을 접으라"는 무언의 압력에 숨이 막힌다. 지속위의 위원장이나 기획운영실장이 모두 여성인 상태에서 이런 분위기는 대체로 여성들이 눈치 없이 고집만 세다는 평가를 듣기 딱 좋다.

　하지만 이미 사업이 많이 진척되었던 새만금과 달리 장항은 참여정부에서 새로 매립사업을 시작하는 일이라는 점에서 변명의 여지가 없다. 그것은 참여하고 있는 나나, 지속위 위원장뿐 아니라, 참여정부, 그리고 대통령에게도 궁극적으로 남아서는 안되는 기록이라는 사실은 백 번을 생각해도 명확한 일이었다. 기존에 개발논리에 묻혀서 생태의 가치를 존중하는 것이 아닌 매립 면적을 2/3나 반으로 줄이는 정책 조정이 무슨 의미가 있는가. 이런 잘못된 정책을 막지 못한다면 나는 왜 여기 있는가를 스스로 설명할 수 없을 것 같았다. 그대로 포기할 수는 없었다.

대통령님의 말씀은 추진하는 쪽과 반대하는 쪽이 다르게 해석하고 각각의 근거로 삼았다. 추진하는 측은 지역 주민들에게 경제적으로 도움이 되는 개발사업의 조속한 진행에 손을 들어주신 것이라고 해석했다. 하지만, 지속위는 현장 방문 이후 대체 투자 안을 만드는 데 집중했다. 환경부와 해수부가 기본적으로 신규 매립사업의 착공에 반대하는 입장이었지만 그 대안을 가지고 있는 것은 아니었다. 지속위 연구원들에게 전 세계 오지의 대안 개발 사례를 다 조사하도록 했다.

　　두 가지 사례가 추려져 현지 조사를 시켰다. 대만의 남쪽 끝 카오슝에 있는 해양박물관을 해수부 사업 대상으로, 영국 남서쪽 폴리머스에 있는 'Eden Project'를 환경부 사업 대상으로 삼을 수 있을 것으로 보였다. 두 부서의 과장과 팀장, 환경부와 해수부 산하 국책연구원의 연구원 몇 명으로 현지 답사팀을 꾸렸다. 두 사업 이외에도 사업에 참고할 수 있는 몇몇 사례를 포함해 한 겨울에 출장을 다녀왔다.

　　현장 조사 결과는 서천이라는 지역의 상황을 고려해도 적용가능성이 있는, 지속가능발전이라는 관점에서 여러 가지 장점이 있는 모델이라는 판단이 섰다. 두 가지 사업에 환경부와 해수부가 투자를 하고, 건교부가 내륙에 두 사업과 연계성이 있는 축소된 규모의 산업단지를 조성한다는 구상으로 당초 매립 소요 비용 1조와 유사한 규모의 사업계획안을 만들었다.

어떤 톤이었든 간에 대통령님이 대안을 찾아보라는 말씀을 하신 것은 사실이어서 대안을 거부할 명분은 누구에게도 없었다. 눈총을 받으며 마련된 사업안을 회의에 부쳤다. 구체적인 조정안이 논의되면서부터는 국무총리실에서 조정회의를 주관했다. 건교부, 환경부, 해수부가 참여하고, 서천군과 환경단체, 그리고 지속위가 참여하는 회의가 계속되었다. 건교부는 일단 계획한 사업이 제동이 걸린 것이 못마땅한 상태이고, 서천군도 원래의 매립사업을 진행하자는 입장이다. 환경부는 환경영향평가를 지렛대로 매립사업을 중단시키고 버티는 입장이고, 해수부도 적극적이지는 않아도 매립에는 반대하는 입장이었다. 환경단체 대표는 물론 강력하게 반대하는 입장이었고, 그 총대를 지속위가 멘 셈이었다.

치열한 공방이 오갔다. 회의에서 대략의 방향이 결정되고 그에 대한 대응 논리를 만들어 문건을 제출한 후 다음 회의가 되면 다른 쪽에서 제시한 문제로 또 다시 결정이 미뤄진다. 공식적으로 제출한 자료만 믿고 앉아 있다가는 영락없이 당하는 판이다.

이때 중요한 것이 비공식 보고 라인이다. 정말 행운이었던 것이 당시 한명숙 국무총리님은 환경부 장관을 지내시면서 새만금을 막지 못한 것에 대해 많이 속상해 하셨던 터라 장항 사업이 착공되지 않아야 한다는 확실한 공감대가 있었다. 지속위 위원장과는 시민운동을 오래 함께 한 막역한 사이이기도 해서, 우리의 의견이 전달되는 통로가 잘 확보되어 있었다. 적어도 개발 측의 반론에 무방비하게 당하는 일 없이 최종 반론의 기회를 확보할 수 있었다.

반론에 반론을 수차례 거쳐, 일단 정부 부처 사이에 사업에 대한 합의가 이루어졌다. 문제는 이 대안 사업을 가지고 서천군민들을 설득하는 일이 남아 있다. 서천군수와 군민들은 매립사업을 조속히 추진하라고 상경투쟁, 단식, 등교거부까지 벌였던 터라, 대안을 수용하도록 설득하는 일이 쉽지 않았다. 국무조정실과 환경부, 해수부가 험악한 분위기의 현지에서 서천군청 측을 대표하는 전문가들이 참여하는 공청회를 열어 우리의 대안이 지역 주민들에게 도움이 될 것이라는 평가를 얻어냈다.

일단 대안이 통과되었지만, 그게 끝이 아니었다. 서천군은 대통령 임기 말에 한 약속이 다음정부에서 실현될지 믿을 수 없다는 주장으로 또다시 대안을 거부했다. 논의 끝에 국무조정실과 대안 투자를 할 환경부와 해수부가 서천군과 투자양해각서를 체결하는 것으로 서천군을 설득할 수 있었다.

이렇게 해서 서천군 장항 앞바다 370만 평의 매립사업은 중단되고, 대신 서천에 국립생태원과 해양생태박물관을 포함하는 대안 사업이 확정되었다.

　　험난한 싸움 끝에 내딛은 소중한 한 발

　　문제 제기부터 마무리까지 1년 이상이 걸렸다. 그동안 환경운동
이 개발 사업의 중단을 요구하는 데 그쳐 지역 주민들을 설득하지 못
했던 것에 비해 대안 사업들을 제시해 주민들을 설득할 수 있었다는
점에서 새로운 시도였다. 1조원 정도가 투자되는 매립사업과 전혀
투자를 하지 않는 보전 사업을 마주 비교하는 것은 합리적인 평가가
아니다. 이런 방식의 환경보전 요구는 지역 주민들의 상대적 박탈감
을 해소할 수 없다. 지역의 생태보전과 지역사회, 지역 주민들의 경
제적 기회를 동시에 고려할 수 있는 방법을 마련할 수 있었던 것은 지
속가능발전의 진일보한 시도였다. 지속위에 참여하셨던 많은 위원
들이 중단 소식을 듣고 함께 기뻐해 주셨다. 참여정부가 새로운 매립
사업을 착공하는 기록을 남기지 않았다는 것이 무엇보다 다행한 일
이었다.

　　내게 대통령님의 말씀은 내가 지키고자 하는 가치를 지키기 위한
방법을 찾아가는 지렛대였다. 대통령님이 환경과 생태의 가치를 존
중하는 분이라는 믿음 위에서, 그 가치를 지키면서 문제를 해결하는

방식을 찾으려 했다. 대부분의 문제는 부서간의 분절에 있다. 국민들이 보기에는 같은 정부인데, 매립 사업이 취소되어도 건설교통부는 해안 매립사업에 예정된 예산을 그 지역을 위해 쓰지 않는다. 토건 예산은 한 곳에서 집행되지 않으면, 또 다른 개발 사업을 찾아 예산을 집행하게 된다. 상대적으로 보전 예산에 비해 개발 예산이 커서, 환경 훼손을 줄이기 어렵다.

지속위는 이러한 부서별 정책의 한계를 통합적 관점에서 조정해 줄 수 있는 장점이 있었다. 그렇지만 지금까지 해본 적이 없는 새로운 접근 방식은 단기간의 성과를 기대하는 측이나 기존 틀에서의 성과를 기대하는 측에서는 받아들이기 어렵다. 현재의 방식이 틀렸을 경우는 결과가 100% 보장되지 않더라도 새로운 길을 찾아 모험을 할 수 밖에 없다. 연안을 매립하는 정책이 실패한 정책이라면, 매립하지 않는 방향에서 답을 찾을 수밖에 없다. 고집을 좀 부리고 욕을 먹더라도 현실을 돌파하는 것이 대통령님의 의중에 있는 가치와 의도를 보다 잘 실현하는 방법이라고 믿었다. 의중에 있는 바를 달성하기 위해 대통령이 사사건건 나서야 한다면 할 수 있는 일은 너무도 적을 것이다. 대통령님과 공유하는 가치를 위해 대신 싸우는 것, 대신 욕을 먹으면서 변화를 입증해 보이는 것, 그것이 비서관의 역할이라고 생각했다.

그런 의미에서 장항 매립사업의 중단 사례는 길고 험난했지만, 보람도 있었고, 스스로 잘 버텨냈다는 안도감을 갖게 했다. 기존 사업 계획의 추진이나 규모를 축소해서라도 매립사업을 착공하자고 했던 대통령비서실의 다른 비서관들과 행정관들도 미안해했다. 다음 정부에서는 진보 진영이 정책의 전환을 위해 좀 더 과감했으면 좋겠다. 아마도 다음에 유사한 사례가 있다면 조금은 쉽게 갈 수 있지 않을까….

막지 못한 경인 운하

"국가 사업이 김은경 치마폭에서 놀아나냐?" 요즘 사람들이 대번에 최순실을 떠올릴만한 펼침막을 들고 경인운하 예정지 주변 주민들이 참여정부 인수위 건물 앞에서 시위를 벌이고 있단다. 참여정부 인수위의 사회문화여성분과에서 환경분과 전문위원으로 참여했을 때 일이다. 노무현 대통령은 대선과정에서 당시 사회갈등이 되었던 새만금, 천성산 경부 고속철, 북한산 관통도로, 경인운하, 한탄강 댐 등을 재검토 하겠다는 약속을 했다. 그러나 모든 사업을 당장 아무런 근거도 없이 중단하는 것은 대통령이라도 쉽지 않은 일이다.

인수위 환경전문위원으로서 대통령의 공약을 검토해 실행방안을 제시하는 것은 당연한 과제였다. 그중에서 경인운하는 상대적으로 정리하기가 쉬운 과제였다. 아직 착공된 사업이 아니고, 사전 단계에 추진된 연계사업으로 인한 매몰 비용도 크지 않았다. 더구나 사업의 타당성 자체가 낮아서 사업을 중단하는 것이 합리적이라는 판단이었고, 건교부가 사업의 추진 근거를 만들기 위해 산하 연구소에 압력을 행사한 사실도 확인되었다. 경인운하를 정리함으로써 시민사회의 신뢰를 회복하고, 나머지 정책의 합리적인 결정을 위한 대화의 토대를 만들 수 있을 것으로 판단했다. 내부 절차를 거쳐 경인운하 사업을 폐기한다는 방침을 인수위 대변인을 통해 발표했다. 그런데 발표가 나가고 대통령님이 인수위원 회의에서 문제를 삼으시면서 인수위가 다음날 경인운하 중단이 사실이 아니라고 발표하는 해프닝이 벌어졌다. 졸지에 나는 공명심을 탐하는 신중하지 못한 사람으로 낙인이 찍혔다. 이 이미지는 대통령비서실에 근무하는 내내 안고 가야 하는 주홍글씨가 되었다.

다행히 2003년 감사원에서 경인운하가 경제적 타당성이 없다는 결론을 내렸다. 완공 이후의 결과를 보아서도 경인운하는 착공하지 않는 것이 바람직한 사업이었다. 결국 인수위 사회문화여성분과의 검토 내용은 내용적으로 옳았다. 그러나 절차적인 문제에 대해서는 여러 가지 생각이 든다. 전문위원들은 인수위원회 회의에 참여해 직접 발언을 할 수 없다. 분과별 인수위원이 문제를 이해하고 인수위원회 회의에서 발언을 해야 한다. 인수위원회는 국가 행정구조의 축소판이다. 따라서 인수위에서 경제 분야의 인수위원과 사회문화여성 부분의 인수위원이 내용을 이해하고 주장을 관철시키려는 의지에 따라서 결정되는 것이 일반적이다. 결국 개발부문 전문위원과 인수위원의 팀워크와 열정이 환경부문 전문위원과 인수위원의 팀워크보다 강했다고 보아야 할 것이다. 당시 건교부의 수자원국은 5년 동안 신규 댐을 착공한 실적이 없는 상태로 부서의 존폐 위기에 처해 있었고 경인운하 사업이 중단되는 것은 그들로서는 심각한 위협이었다. 이러한 위기에 처한 조직들의 반발은 절박하고 집요하다. 그에 비해 인수위원 자체가 환경에 대한 이해가 낮은 사회분야 전문가인 데다가 이를 지원하는 환경부는 적극성이 한참 떨어진다. 거기에 같은 당 국회의원이 지역 개발을 지지하는 상태였으니, 웬만해서는 이기기 어려운 구조였다.

아쉬운 것은 이러한 결정이 제대로 논의되는 장이 없이 번복되었다는 것이다. 적어도, 중단 결정을 번복하기 전에 상부의 누군가가 찬성과 반대 측을 모두 불러 문제를 듣고 의사결정을 하는 과정을 거쳤다면 하는 아쉬움이 크다. 이후 대통령비서실이었다면, 적어도 그런 절차를 거칠 수 있었을 것이다. 하지만 인수위는 정해진 시간 안에 국정 운영방향을 정해야 하는 한시적 조직이라는 점에서 한계가 있다.

이 문제를 오래 동안 반추해보면서 괴로웠던 것은 그 사건이 아니었으면 다른 환경의제들을 좀 더 잘 부각시킬 수 있는 기회가 있지 않았을까 하는 점이다. 내게 대통령이 공약한 5대 사업 중 하나라도 우선 확실하게 중단해 참여정부가 약속을 이행하는 모습을 보이고 싶다는 욕심이 없지 않았다. 그 과욕이 환경진영 전체를 약화시킨 것은 아닐까 하는 자책을 참여정부 내내 지울 수 없었다.

감사원의 판결은 나름대로 내가 옳았음을 증명해주었다는 점에서 약간의 위로가 되었다. 하지만, 토건 세력의 집요함은 그 정도에서 그치지 않았다. 주민협의회를 구성해 다시 시민의견을 반영한다는 구실로 사업 추진 명분을 쌓고 이명박정부에서 끝끝내 경인운하 사업을 착공해 완공했다. 결국 내가 여기저기서 욕을 먹으면서 막으려 했던 노력은 무의미해지고 말았다. 더구나 그렇게 기사회생한 건교부 수자원국이 이명박정부에서 4대강 사업을 추진하는 주체가 되었으니….

지속가능발전 전략 및 이행계획 수립

지속위는 각 부처의 개별 사업이나 정책이 지속가능발전의 가치를 잘 반영하고 있는지를 살피고, 그렇지 못한 정책이나 사업을 지속가능하도록 수정·보완하는 일을 한다. 그러나 국가 행정 전반에 지속가능발전의 가치를 반영할 수 있도록 하기 위해서는 모든 부서들이 자신의 업무를 지속가능발전의 관점에서 점검하고, 다른 부서 업무와의 연관성을 파악할 수 있는 체계가 필요하다. 그 방안은 2002년 세계지속가능발전정상회담(World Summit on Sustainable Development: 이하 WSSD)에서 합의되었다. 1992년 리우 지구정상회담에서 '지속가능발전'을 각국이 지향해야 할 기본 방향으로 합의했지만, 이후 10년 동안 경제는 성장했음에도 빈곤은 확대되고 환경 파괴는 그치지 않았다. 세계 정상들은 정부가 지속가능발전의 추진 책임을 지고, 국가의 지속가능발전 추진 전략, 전략의 이행계획, 성과를 판단할 수 있는 지표들을 개발하고, 유엔에 보고하기로 합의했다.

2003년 출범한 참여 정부는 국정 과제를 설정하는 과정에서부터 시민참여를 확대했다. 그 결과 참여 정부의 100대 과제 안에는 WSSD의 합의에 따라 국가 지속가능발전 전략 및 이행계획을 수립하고 지속가능발전 지표를 개발하는 과제가 포함되었다. 2005년 6월에 대통령님께서 '경제와 사회' 환경이 균형있게 발전하는 선진국가를 지속가능발전 국가 비전으로 선언했다. 자연자원의 지속가능한 관리, 사회통합과 국민건강 증진, 지속가능한 경제발전, 기후변화 대응과 지구 환경보전, 그리고 지속가능발전 추진 기반 강화 등을 비전의 실천 전략으로 제시하고, 각 부서들이 참여하여 전략을 이행하기 위한 구체적인 계획을 수립하도록 지시했다. 지속위는 대통령의 지시를 근거로 시민사회 전문가들과 각 부처의 의견을 수렴하여 이행계획 수립 가이드라인을 작성해 2005년 10월 각 부처로 보내고 이행계획을 제출하도록 요청한 상태였다.

2006년 3월에 부임해서 점검해보니 각 부처로 지속가능발전 이행계획 작성 가이드라인을 각 보냈지만 지속위도 각 부처도 손을 놓고 있는 상태였다. 2006년은 대통령 임기가 꼭 2년 남아 있는 시점이었다. 시스템이 2006년에는 완성되어야 2007년 한 해 동안이라도 시스템을 정착시킬 시간을 확보할 수 있는 상태였다.

일단 두 가지 일정을 역산해서 잡았다. 2006년 10월까지 이행계획을 완성한다는 것과 연말 이전에 그 결과를 가지고 유엔과 공동 컨퍼런스를 통해 우리나라의 시스템에 대한 국제 사회의 평가를 받는다는 것이었다. 직원들에게 이 일정을 기준으로 역산해서 추진 일정을 잡도록 했다. 부처별로 이행계획을 독촉해 받고, 양식에 맞추어 정리하는 한편 이행계획에서 부처 간의 정책이 상충하는 부분을 따로 뽑아서 해당 부서들과 회의를 열어 조정해 나갔다.

지속가능발전 추진 체계는 두 가지 의미가 있다. 하나는 부처별로 분절된 정책을 국가 차원의 통합적 전략으로 재편한다는 것이고, 다른 하나는 이 통합된 전략을 시민사회와 논의할 수 있는 거버넌스를 의무화한다는 것이다. 작성된 이행계획에 대해 관련 부서들과 외부 시민사회가 필요시 언제나 논의할 수 있는 기회를 보장한다는 점에 큰 의미가 있다. 따라서 일단은 불완전하더라도 전체 틀을 만들고 향후에 논의 기회를 부여하는 것이 중요하다고 판단했다. 기후변화 대응과 같은 과제는 거의 내용이 없이 빈 틀만 있는 수준이었고, 새로운 필요성이 제기되는 유해화학물질로 인한 환경성질환 같은 과제들도 기존 틀에서 변화를 주지 못했다. 내 입장에서는 일단 틀을 만드는 것이 향후 시민사회가 이 과제를 논의할 수 있는 합법적인 기회를 보장하는 일이라고 판단했지만, 당시에 외부 시민사회에서는 상당히 불만이 많았다. 부처들 역시 추가적인 업무에 불만이 많았지만, 맷집이 늘은 건지 내공이 생긴 건지 버틸만 했다.

지속가능발전 지표에 대한 의견은 거의 백인백색이어서 시민사회 내에서도 합의가 어려웠다. 모든 사람들이 자기가 전문성을 가지고 있는 영역의 지표들이 더 많이 충실하게 반영되어야 한다고 주장하는 형편이었다. 모든 사람을 만족시키는 것은 불가능하다는 판단에 일단 지표 안을 만들어 수차례의 의견 수렴을 거쳐 합의하는 것으로 했다. 합의를 가장 중요한 지표의 요건으로 삼은 셈이다. 지표의 생산 과정에서 필요한 지표 임에도 현재 지표에 대한 통계치가 없는 경우 통계청에서 지표 생산 방법을 보완해 주기로 했던 점은 상당히 고무적인 일이었다. 당시 통계청은 국가 통계 체계를 확립하고 보완하는 것이 중요 과제였던 터라 적극적인 협력을 받을 수 있었다.

드디어 2006년 10월 지속가능발전 이행계획과 지표가 완성되었다. 이제 부처에 이행계획을 확실하게 인식시켜 이후에 지속위가 이행계획에 속한 과제들을 검토하고 수정 보완하는 과정에 부처들이 응해야 할 근거를 마련하는 것이 필요하다. 이를 위해 대통령이 주제하는 국무회의에 부쳐 국가 지속가능발전 이행계획의 입지를 확보하는 일이 필요하다. 사전검토회의를 거쳐 국무회의에 올렸다. 대통령님의 말씀은 짧았다.

"이 계획을 모든 부처가 공유할 수 있도록 하자는 것이지요? 그렇게 합시다."

분명 지속위의 요구를, 내가 원하는 말씀을 정확히 찍어서 말씀해 주셨다. 하지만 그 짧은 말씀을 듣는 내 심경은 복잡했다. 안도감도 있었지만, 지난 10개월을 생각하면 허탈하기도 했고, 저 짧은 한마디에 의존해 앞으로 가야 할 길이 심난하기도 했고….

국제사회가 인정한 우리의 모델

지속가능발전이 지구적 차원의 과제이기도 하고, 유럽의 전문가들이 유엔을 통해 지속가능발전을 이끌어 가고 있는 상태여서, 국내의 낮은 관심과 이해를 극복하는 방법으로 국제적인 평가를 받는 것은 중요한 일이었다. 이행계획이 어느 정도 윤곽을 잡아 가는 시기부터 유엔과 우리나라의 지속가능발전 이행계획 수립 결과에 대한 공동 컨퍼런스 협의를 시작했다. 유엔 산하 기관들과 아시아 지역 국가들이 참여하는 평가회의(Peer Review) 형식으로 하고, 2006년 11월에 기술적인 점검회의를 유엔측과 열기로 했다.

그런데 그 비용이 만만치 않았다. 그중에 동의하기 어려운 것은 보고서를 자문해주는 유럽의 전문가를 유엔이 지정하고, 그 비용을 우리가 부담하는 것이었는데, 그 비용이 전체 비용의 반이 넘었다. 회의를 접을 수도 없고 비용을 다 부담할 수도 없는 상황이기도 했지만, 지속가능발전을 추진하려는 국가들에게 비용을 과도하게 부담시키는 UN의 방식에 동의하기도 어려웠다. 지속위 국장을 스웨덴에서 열리는 회의장으로 보내 UN DESA(Department of Economic and

Social Affairs) CSD 담당 과장과 컨퍼런스 조건을 재협상하도록 했다. 결국 보고서는 국내 전문가가 작성하는 것으로 했다. 11월의 사전 점검회의에서는 UN 측도 상당히 만족한 상태였고, 2007년 3월에 본회의를 열기로 합의했다.

3월의 공동 컨퍼런스를 위한 준비를 마치고 일주일 전에 아시아 8개국 참가자들에게 최종 확인을 하는 상황에서 기가 막힌 상황이 벌어졌다. 참가자들이 UN에서 비행기 티켓을 받지 못해서 회의가 취소된 것으로 알고 다른 일정을 계획하고 있다는 것이다. 이미 홍보가 다 된 상황이라 잘못하면 지속위가 큰 망신을 당하고 책임 문제가 생길 판이었다. 비상이 걸렸다. 일단 모든 국외 참가자에게 회의가 계획대로 열린다는 것을 확인시키고, 다른 일정을 취소하도록 하는 한편, UN의 담당자를 찾아서 사태를 파악하고 대응방안을 마련해야 했다. UN CSD 담당자들은 다른 회의를 위해 출장 중이었고 UN 본부의 회계 부서에서 일처리가 늦어지고 있는 상태였다. 결국은 중간에서 지속위가 UN 담당자와 유엔 본부의 회계처리 부서, 그리고 국외 참여자들 사이의 연락 사무를 도맡아야 했다. 우물을 파야 하는 목마른 사람은 지속위였으니….

일주일 동안의 이런 북새통을 겪고 무사히 회의가 열릴 수 있었던 것은 전적으로 지속위 사무국 직원들의 뛰어난 능력과 헌신 덕분이었다. 다시 돌아보아도 아찔한 상황이었고, 당시에 일 처리를 잘 해준 직원들에게 감사할 따름이다. "대통령비서실에서 일하면서 가장 좋은 것이 무엇이었느냐?"고 묻는 다면 능력 있고 훈련된 국가 최고의 인재들과 함께 일할 기회를 갖는 것이라고 답할 것 같다.

우리나라 공무원들은 훌륭한 자질을 갖추고 있다. 방향과 과제를 어떻게 설정해서 그들이 성과를 낼 수 있는 기회를 만들어주는가가 지도자의 역할이라고 생각한다. 그런 점에서 요즘은 능력 있는 공무원들이 마음껏 일할 수 있는 기회가 주어지지 못하고 있다는 점에서 불행한 시기이고, 그 책임은 정치가 져야 할 것 같다.

국제사회에서 우리의 지속가능발전 전략과 이행계획은 아주 좋은 평가를 받았다. UN DESA 국장을 비롯해 UNEP, UNDP, OECD의 지속가능발전 담당자 등을 비롯해, 중국, 일본, 몽골, 필리핀, 베트남 등 아시아 8개국의 GO와 NGO가 함께 참여했다. 국내에서도 많은 전문가와 시민사회 단체들이 참여했다.

당시에 2002년 요하네스버그 이행계획 합의에 따라 국가 지속가능발전 이행계획을 수립한 국가는 프랑스에 이어 우리가 두 번째였다. 프랑스는 2002년 요하네스버그 이행계획 합의 당시에 모델을 만들겠다고 자원했던 국가였다. 참여자들은 앞서 검토회의를 가진 프

랑스에 비해 우리의 모델이 거버넌스나, 이행과제의 예산과 지표 등
실행 가능성 면에서 더 나은 모델이라고 평가했다.

햇빛도 보지 못한 지속가능발전기본법,
20억 예산 때문에 불발된 UN 기구 유치

평가회의는 두 가지 제안을 했다. 첫째는 국내에서 국가의 모델
을 지방자치단체로 확산할 수 있는 제도가 필요하다는 것이었다. 둘
째는 우리나라의 모델을 아시아 태평양 지역에 확산하기 위한 교육
기관을 국내에 설치하자는 것이다. 임기를 1년 남겨놓은 2007년은
이 두 가지 과제를 해결하는 데 집중했다.

첫째 제안을 위해 국가의 지속가능발전 추진 체계 운영과 지방자
치단체의 지속가능발전 추진 근거와 역할 등을 담은 지속가능발전기
본법안을 만들었다. 지속가능발전기본법은 기록적인 속도로 2007년
제정되었고 2008년 7월에 발효될 예정이었다. 그러나 이 법은 실행
되지 못하고 이명박정부의 녹색성장 기본법 개정과정에서 일반법으
로 격하되었고, 지방정부들이 지속가능발전을 추진해야 할 근거는
사라졌다.

참여정부에서 일하면서, 우리가 시스템을 만들고 제도를 만드는
것이 정책을 일회적인 것으로 만들지 않고 유지시키는 방법이라고

믿었다. 시스템만 만드느냐는 외부의 비판을 감내하면서 시스템과 제도를 만드는 데 힘을 쏟았다. 그런데 한순간에 법이 사라지는 걸 보게 되었다. 결과적으로 법을 만드는 것조차 의미가 없었다. 도대체 어떻게 했어야 했던 걸까? 그 허탈함이라니….

두 번째 요구였던 아시아태평양지역 국가들의 지속가능발전 교육을 위한 기관을 우리나라에 설치하는 일은 연간 20억 예산을 확보하지 못해 참여정부 내에서는 실패했다. 이후 이명박정부에서 인천시와 환경부가 비용을 분담해 현재 인천 국제업무단지에 UN OSD(UN Office for Sustainable Development)가 설치되어 있다. 당시에 참여정부가 좀 더 적극적이었었더라면 하는 아쉬움이 컸다. UN이 거의 유럽 측 전문가들로 채워진 상황에서 우리나라의 사례를 확산시키는 것은 향후 아시아태평양 지역 각국의 지속가능발전 추진을 컨설팅하고 평가하는 전문가 그룹들을 길러낼 수 있는 절호의 기회라고 보았다. 지식산업을 지원해야 한다는 말은 많았지만, 정작 우리나라의 전문가들을 길러낼 기반을 마련하는 일에는 너무 이해가 부족했다.

우리가 아시아태평양 지역의 실질적인 리더가 되려면, 그에 걸맞은 내용을 만들어 국제사회에 제시해 우리의 사례를 국제사회의 표준 모델로 인정받아야 한다. 언제까지나 Rule Setter가 아니라 Rule Follower로 불평만 하는 것은 바보 같은 일이다. 지속가능발전에 대해서는 UN이나 유럽의 국가들도 길을 찾아가는 중이다. 유럽이 부러워하는 적극적인 시민참여가 가능하며, 세계적으로 인터넷 활용이 가장 활발한 우리나라에서 집단지성을 통해 새로운 모델을 만들어내는 것이 이상한 일도 두려워해야 할 일도 아니다. 지속가능발전 이행계획의 수립과 그 후속 작업들은 우리나라가 세계의 모델을 만들 수 있다는 것을 실험하고 입증했던 경험이었다. 대통령비서실의 비서관은 나의 상상력을 최대한 끌어내 국가의 방향을 설계해 볼 수 있는 기회를 주었다. 하지만 정책을 실현할 수 있는 기반은 참으로 취약했다.

또 다시 불발된 물관리 일원화

2006년 하반기에 사회정책 수석이 다시 물 관리 조직의 통합 안을 꺼내들었다. 수자원공사는 대형 댐들 짓고 댐 용수를 광역상수도로 각 지방자치단체에 팔아서 수익을 얻는다. 환경부는 설립 이후 지방자치단체의 지방상수도 확대를 지원해 왔다. 지방상수도가 있는 상태에서 수자원공사가 대형 댐을 짓고 광역상수도를 공급함으로써 상수도 관련 중복투자가 이루어져 왔다. 댐 건설 자체가 대규모로 자연

생태계를 파괴하는 것이라는 점에서 반대 여론이 높기도 했고, 댐 하류 하천들이 생태계를 유지할 수 있는 유량을 확보하지 못하는 것도 문제였다. 오랫동안 이런 문제들을 해결하는 방안으로 물관리 일원화가 주장되어 왔다. 개인적으로 대통령 임기를 얼마 남겨놓지 않은 시점에 도저히 가능하지 않은 과제라는 판단이었으나 수석은 꼭 그 문제를 다루어 보고 싶어 했다.

환경부와 건교부의 의견 조정은 쉽지 않았다. 결국은 대통령 주재 정책조정회의까지 가게 되었다. 환경부 장관, 건교부 장관, 지속위 위원장, 비서실장과 사회정책수석, 경제수석 등이 참석했고, 관련 비서관들이 참석했다. 환경부는 건교부의 수자원정책을 환경부로 이관해 달라는 주장이고, 건교부는 안된다는 입장을 고수했다. 궁지에 몰린 건교부 장관이 그러면 아예 건교부와 환경부를 일대일로 통합하자는 주장을 하기에 이르렀다. 그야말로 막가자는 판이었다. 대통령님도 화가 나셨다. "하자면 못할 거 같습니까? 통합하고 몇 번만 환경 쪽 사람 장관으로 내려 보내면 정리됩니다." 화가 나서 한 말씀 하셨지만, 이미 조직 개편을 하기에는 시기가 너무 늦었다는 것을 모르시는 바 아니었다. 결국 그날의 회의는 기존의 업무 분장을 그대로 유지하는 쪽으로 아무 소득 없이 끝났다. 하지만, 대통령님은 문제의 구조를 정확히 파악하고 계셨다.

이러한 정책 조정 논의 분위기는 참여정부의 성격을 잘 보여준다. 다양한 과제들이 여러 단계에서 걸러지고, 합의에 이르지 못하면 대통령이 주재하는 회의에서 격론을 벌여 결론을 낸다. 건교부 장관의 태도는 그야말로 대통령과 일전을 불사하는 토건세력의 모습으로 섬뜩하기까지 했다. 그에 비해 환경부 장관의 태도는 주장을 관철해낼 수 있는 의지나 동력 면에서 비교가 되지 않았다. 다시 대선을 앞두고 물관리 일원화가 논의되고 있다. 행정조직의 통합으로 예산 지출 구조를 통합하지 않는 한 문제가 해결되지 않는다는 참여정부의 실패가 주는 교훈을 공유하면 좋겠다.

그렇다고 참여정부에서의 물관리 정책이 모두 실패한 것은 아니었다. 댐을 짓는 논리로 사용했던 물부족 국가라는 통계의 허구를 밝히고, 댐 건설을 중단하고 하천 생태계와 물 순환을 고려하는 지속가능한 물관리로 정책을 전환해야 한다는 합의를 이끌어냈다. 이러한 내용을 담아 2006년에 수정된 수자원장기 종합계획은 우리나라 물관리 정책에서 지속가능발전의 내용을 가장 잘 담았다는 평가를 받고 있다. 이명박정부가 4대강 사업을 추진하기 위해서 2011년 다시 댐 건설을 확대하는 방향으로 수자원장기종합계획을 수정한 것은 참여정부와 이명박정부의 명확한 차이를 보여주는 역사적 기록으로 남을 것이다.

어쨌든 건교부 수자원국과의 싸움에서는 2:0 완패….

퇴임 후에도 챙겨주신 에너지 정책

"내가 에너지 정책을 마무리 짓지 못해서 말이예요…." 퇴임 이듬해 수석 보좌관들과 함께 봉하로 찾아뵈었을 때 대통령님께서 아쉬워하셨다. 2년 동안 준비한 에너지 보고서를 끝내 대통령님께 전달하지 못했던 나는 그 말씀에 더 속이 쓰렸다. 요즘 가장 이해하기 쉽게 말하자면 문고리를 통과하지 못했다. 문고리들의 오버였던 셈이다.

그 문서가 대통령님께 전달되기 위해서는 사회정책수석, 경제수석, 국정상황실장, 비서실장을 통과해야 했다. 임기 말에 쉽지 않은 일이었고, 산자부가 반대하는 에너지 정책 보고서를 경제수석이 받아줄 리가 없었다. 에너지 정책은 참여정부 초기에 과제관리 시스템이 잘 작동하기 전에 보고되어 과제 관리가 잘 안되었던 사례에 속한다.

2003년 지속위의 에너지 정책 보고 내용은 에너지 소비 증가를 재생에너지로 충당하고 원전의 추가 건설을 중단하자는 것이었다. 지

금 보면 너무도 당연해 평범하기까지 한 이 안을 당시 산자부는 시민
운동의 물정모르는 소리로 사정없이 몰아갔다. 대통령님은 언제나
그렇듯이 명쾌하게 정리를 해 주셨다. 지속위는 에너지 수요관리, 재
생에너지에 대한 내용을 보완하고, 산자부는 시민단체가 지적하는
원전의 생산비 부분의 근거를 마련해서 다시 에너지 회의를 열도록
하라는 말씀이셨다.

　내가 지속위에 부임했을 때는 이미 시간이 많이 지난 후였다. 남
은 기간 동안 지속위에 요구하신 연구자료를 준비하면서 산자부에
대통령님이 지시하신 원전의 경제성에 대한 자료를 요구했지만 산자
부는 임기 끝날 때까지 자료를 제출하지 않았다. 결과적으로 대통령
님과의 2차 에너지회의는 열리지 못했다. 무기만 만들다가 전투다운
전투도 못 치른 셈이다.

　아쉽게도 2003년 첫 번째 회의에서 제안되었던 많은 것들이 불발
되었다. 에너지 수요관리를 한전과 분리해야 한다는 요구에 대해
"담배 가게에서 금연 운동하면 되겠느냐"고 명쾌하게 지지해 주셨지
만, 실행되지 못했다.

　관료들은 자신들이 현재하고 있는 것을 변화시키려는 어떤 시도
에도 아주 심각하게 저항한다. 정책 방향이 설정되면 그 실행을 위한
싸움은 저항을 이길 수 있을 만큼 치열해야 한다. 당시 지속위 안이

관철되었다면 신재생에너지 비율이나 에너지 효율성이 OECD 꼴찌 수준에 이르지는 않지 않았을까? 녹색성장을 내걸었던 이명박정부 시절 산자부는 얼마나 행복했을까….

봉하에 내려가 여사님과 대통령님 이야기를 나눌 때마다 대통령님의 환경, 생태에 대한 인식에 놀라곤 한다. 비누를 거의 안 쓰셨다는 일화도 그렇고, 봉하를 친환경 농촌으로 설계하신 것도 그렇고, 화포천이랑 주변 생태계를 가꾸시던 모습도 그렇다. 많이 알려지지 않았지만, 사저를 지으실 때도 지금보다 훨씬 비용도 비싸고 효율도 낮은 지열을 고집하셔서 지금도 관리자들은 불만스러워하고 있다. 뿐만 아니라 사저는 지상 층은 말할 것도 없고 지하까지 자연채광이 들도록 설계되었다.

그러고 보면 참여정부의 환경정책이 비난을 받은 것은 대통령님의 이상을 좀 더 적극적으로 실현하지 못한 비서진의 책임이 분명한 것 같다.

지금 계셨더라면, 지속가능발전에 대해 훨씬 더 많은 이야기들을 나눌 수 있었을 텐데.

정말 아쉽고, 그립다…….

"나이 지긋한 할머니가
일기예보 해주시면 안되나요?"

이숙진

"나이 지긋한 할머니가 일기예보 해주시면 안되나요?"

이숙진 _ 참여정부 차별시정비서관

이사를 앞두고 있다. 켜켜이 쌓인 책과 자료들을 정리하면서 미처 앨범에 넣지 못한 사진들이 한 뭉치. 파노라마 사이즈에 유난히 빛나는 큰 얼굴. 봉하로 내려가던 기차 안에서 대통령은 칸칸이 돌아다니며 상기된 얼굴로 함께 사진을 찍었다. 홀가분하여 즐거우셨던 걸까. 나는 그 사진을 여태껏 제대로 쳐다보지 못한 채 그냥 놓아두고 있었다. 한참을 바라보았다. 돌아가신 분, 우리나라 대통령, 그분과 함께 찍은 사진 그리고 다시 기억해내는 참여정부 청와대 생활들, 기억의 조각들로 팩트체크는 어렵겠지만 나로서는 본격적인 '정책운동' 을 시작했던 2003년으로 돌아가본다.

'너 누구야?', "문앞 자리엔 제가 앉을께요"

사무실은 책상과 의자도 제대로 갖추어지지 않은 어수선한 모습이다. 비정규직 고용 관련 회의에 참석하고 있는데 발신번호제한 전화번호가 떴고 일단 내일부터 나와달란다. 선배한테 이력서를 보낸게 전부인데 내게 관운이 있었나. 청와대라니. 당원도 아니고, 선거캠프에서 일한 것도 아니고, 인수위에 들락거린 정도였는데 대통령 비서의 역할을 하게 되리라곤 생각지도 못했다. 여성학 전공자로 여성노동과 복지분야 정책 개발을 업으로 삼으며, 여성단체와 노동조합을 수시로 돌아다닌 이력 때문인걸까. 이 분야의 정책전문가가 필요했을까. 그것도 여성으로. 역시 알 수 없는 일이었지만 청와대 근무를 시작한 지 며칠이 되지 않아서 나는 비로소 이방인의 처지를 절감할 수 있었다. 회의를 가든 밥을 먹든 아는 사람이 한 명도 없었다. 모두들 의아해했으리라. 어리둥절하기는 나도 마찬가지였다.

거의 1년이 지나도록 이렇게 묻는 사람이 있었다. "어떻게 청와대에 들어오게 되셨어요?" 너 누구야?를 좀 곱게 표현한 말이었을 것이다. 하여간 나의 대통령비서실 시작은 이러했다.

소속은 국민참여수석실 국민제안비서관실이란다. 아직 문패도

달려있지 않은 국민제안비서관실은 국민의 정부 시절 여성비서관실로 사용되던 방이었는지 미처 정리 못한 짐들과 문구들이 이리저리 흩어져 있었다. 부처에 대응하는 청와대가 옥상옥이 될 수도 있다 하여 참여정부 비서실 조직은 해당 부처를 상대하는 부서가 없었다. 즉 여성부에 대응하는 여성비서관실이 없다. 막상 여성비서관실로 쓰였던 사무실에 자리를 잡고 보니 왠지 사명감 같은 게 생기면서, 비록 사라졌지만 여성정책에 집중하라는 계시가 아닐까 혼자 설레발을 떨고 주변을 돌아보았다. 지방출연기관이긴 했지만 나쁘지 않은 조건에서 연구위원으로 일하던 직장을 떠나면서 청와대는 뭔가 최신 사무기기로 잘 갖춰진 스마트오피스는 아닐까 기대하고 있었는데 이건 여느 중소기업 사무실보다도 쾌적하지 않았다. 낡은 의자, 오래된 책상, 좁은 사무공간, 여지껏 공무원 뒷담화는 많이 해봤는데 막상 내가 어공(별정직 공무원을 어쩌다 공무원이 되었다 하여 줄임말로 '어공' 이라 부르거나, 세금으로 월급을 받는다 하여 '정부미' 를 먹는 사람이라고 불렀다)이 되고보니 갑자기 공무원의 근무환경개선이 필요하다는 생각이 살짝 들 정도였다.

에피소드 하나. 행정관 3명에 비서관 1명의 사무실에서 누가 어느 자리에 앉을 것인가를 놓고 잠시 웃음 반, 눈치 반의 긴장감이 돌았다. 비서관을 제외하고 나를 포함한 행정관 3명 중 2명이 남성이다. 문앞 자리가 가장 낮은 직급, 독립된 방은 비서관의 방, 대충 이런 서열이 있었을 터인데 갑자기 나이가 조금 있어 보이는 남성 일반직 공무원이 문앞자리에 자신이 앉겠다고 손을 들었다. 문앞자리는 이런 저런 방문객들이 많이 드나들고 응대도 해야 하는데 여성 행정관이 앉는 것은 좀 그렇다는 얘기를 덧붙이면서. 역시 참여정부 청와대 공무원들은 뭐가 달라도 다른 것 같았다. 대체로 대통령비서실로 발령을 받은 일반직 공무원들은 해당 부처에서 이른바 '에이스'로 불리는 사람들이다. 능력도 있는 데다 노무현정부의 대통령비서실로 파견나온 공무원들이니 여성의식, 인권의식도 대단히 높은 사람들일 거라고 생각했다. 다행인지 불행인지 얼마 지나지 않아 나는 비교적 예외적인 분과 함께 생활하고 있음을 알았다.

에피소드 둘. 청와대에서의 하루는 업무—아침식사—업무—점심식사—업무—저녁식사—업무로 이어진다. 외부인을 많이 만나는 부서들은 점심과 저녁식사가 업무연장으로 이어졌지만 내가 맡은 제도개선 업무는 사무실로 찾아오는 부처 공무원들과의 회의가 대부분이라 세끼 식당밥을 먹는 경우가 많았다. 간혹 점심약속이 광화문 근처라면 시간 맞춰 면회실 앞에서 출발하는 대형버스를 타고 세종문화회관 앞에 내려서 후다닥 챙겨먹고 돌아올 땐 택시를 타야 한다. 아침식사는 6시 40분에서 8시경까지 1차 업무를 마치고 얼른 구내식당으로 가서 죽이나 국 종류로 먹는다. 그리곤 대부분 회의를 거듭하는 경우가 많았고 덕분에 몸무게가 늘어나는 것은 순식간이었다. 청와대 생활 초기에 얼굴이 좋아졌다는 얘기는 여기서부터 시작된다.

별도의 체력단련시설도 없어서 어느 날은 점심시간을 쪼개어 요가를 시작하자는 여성들끼리의 단합이 있었지만 그것도 한 3개월 정도 가능했다. 탁구장을 겸한 공간을 이렇게 저렇게 용도변경을 했던 관계로 그것마저 용이하지 않았고, 잠깐의 산책도 감사한 시간의 연속이었다. 청와대에서 얼굴이 좋아진다는 말은 곧 몸무게가 늘어난다와 같은 말이다. 그리고는 잇몸이 허물어지거나 대상포진이 생기는 일들이 줄줄이 일어난다. 혹시 감기든 몸살이든 경호실에 딸린 의무실에 가면 시간이 걸리는 영양주사 이런 건 언감생심 꿈도 꾸지 못한다. 대통령비서인 환자들이 경험한 군의관 의사는 이렇게 말했던 걸로 기억한다. "여기 약은 아주 효과가 좋아요. 금방 좋아질 거니까 얼른 나아서 열심히 일하세요."

'뭐, 이런 일로 청와대에서 전화를 걸고…?'

"국민들은 민원 창구에서부터 소외되는 경우가 많은데 민원에 내재된 제도의 문제점을 적극적으로 발굴하여 개선하는 시스템이 필요하다."

노무현 대통령은 힘 없는 국민들의 목소리가 민원으로 드러나는 것이고 이 민원을 가장 힘 있는 목소리로 바꾸고 싶어하신 것 같다. 민원을 소홀히 대하거나 무시하는 것은 더 이상 있을 수 없는 일이다. 모든 민원에 대해 반드시 답을 주도록 했다. 그러자 잠이 안 온다, 누군가 나를 미행한다, 귀에서 계속 앵앵거리는 소리가 들린다 등등 온갖 개인사와 다양한 정신세계를 가진 분들의 하소연이 민원으로 접수되는 일들이 생겨났다. 그 수많은 민원들 가운데 반복되는 민원, 고충민원을 찾아내고 이와 관련된 제도를 개선하는 일이 시작되었다.

청와대는 고충민원과 국민제안을 직접 받기 위해 국민참여마당이라는 창구를 만들었다. 여기에 접수된 민원과 제안이 시행령, 시행규칙, 규정 등과 관련되어 있을 때 이러한 제도를 개선하는 것이 제도개선비서관실의 주된 업무였다. 국회에서 하는 일을 제외한 모든 제도가 개선의 대상이 된 것이다. 아니나 다를까 여성, 노동, 복지영역의 시행령 이하 제도들 가운데 개선이 필요한 내용을 부처와 협의하고 이를 바꿔가는 것이 내가 해야 할 일이었다.

국민들의 생활상 편의와 고질적인 고충민원을 해결하기 위해서 청와대가 "이거 고칩시다" 할 때 부처가 별다른 이견없이 동의해줄 것으로 기대한 것이 착각이었을까. 국정원, 감사원, 검찰 등을 대통령의 권력에서 놓아버린 참여정부의 시작이 행정부처의 담당 공무원들에게도 전파된 것이었을까. 부처의 담당과에 전화를 걸면 마치 들으라는 듯이 궁시렁거렸다. "뭐 이런 일에 청와대에서 전화를 걸고…." 그들이 보기엔 너무나 사소한, 그래서 청와대가 부처를 간섭한다고 생각했을 법한 일이었나 보다.

주무관과 사무관을 설득하고, 과장, 국장들과 회의를 통해 반복되는 민원의 원인이 되는 제도를 고쳐야 함을 이해시켜야 했다. 부처 공무원들에게 이렇게 일하는 방식은 매우 귀찮고 번거로운 일이었을 것이다. "장애인 창업자금 대출이자를 내립시다" "B형간염보균자의 취업불합격기준을 개선합시다" "인터넷 원서접수시 수수료 부담이 너무 과합니다" "국가자격시험을 신청해놓고 못 보면 왜 환불을 안 해주나요?" 이런 일들이었다.

제도를 바꾸고 보완하고 확대하는 일들이 수시로 일어났다. 지방의 한 성폭력상담소는 정부의 성폭행 피해자 의료비지원을 현실화시켜달라고 제안했다. 1인당 의료비지원 한도를 별도로 정하고 있지 않는데도 이를 제한하고 있고, 지원대상을 지자체 관할 구역에 한정하다보니 오히려 예산이 남는 사례가 생기고 있다는 내용이었다. 여성부와 '성폭행피해자 의료비 지원 활성화 대책'을 만들어 성폭력 피해자의 진단 및 치료정도에 따라 지원액을 현실화하고, 각 상담소에 배정한 예산과 실소요액간의 편차에 따른 의료비 부족 문제를 해소하도록 했다.

규정이나 지침이 모호해서 국민들에게 불쾌감과 불편을 주는 경우도 있다. 예를 들어, 노인생활시설에서 근무하는 직원들이 어르신에게 반말을 쓰는 등의 인권 침해 사례가 있는데 구체적인 지침이나 매뉴얼이 없고 인권교육도 제대로 실시되지 않았다. 주무부처인 복지부와 전문가들과 함께 매뉴얼을 만들어서 노인복지사업안내 지침에 수록하고 교육을 의무화하면 어르신 인권이 조금 더 보장될 수 있을 것이라 보았다.

이밖에 장애인 자동차에 휠체어 리프트를 설치하는 비용을 융자해주는데 신차 구입시에만 해당되고 기존 차량에는 지원이 되지 않는다고 해서 적용대상을 넓히도록 규정을 개정했다. 당초 취지에 맞도록 하기 위해서도 제도개선이 필요했다.

'공무원 임용 및 시험 시행규칙상 용모조항 개선'과 '경호원 모집채용시 용모등 기준개선'도 제도개선 과제였다. 모집 공고에 '용모단정한 자'라고 적혀있을 때 사람마다 느끼는 '단정'의 기준은 천 차만별이다. '용모단정'과 아무런 관련성이 없을 것 같은 직종에서 도 이런 기준을 제시하는 것은 성형과 무리한 다이어트의 원인이 되 기도 한다. 불합리한 규정을 고쳐서 용모로 인한 차별이 생기지 않기 를 바랐다. 결과적으로 일반직 공무원의 경우 2004년에 공무원법 개 정에서 면접시 용모기준을 삭제하였다.

대통령은 "여론마당에조차 올라오지 못한 국민들의 불편사항, 행 정기관 내부 혹은 공직자들의 잘못된 관행이나 부처간 비협조 때문 에 발생하는 민원과 민원에 내재된 제도개선 과제를 발굴, 상향식으 로 시스템을 구축"하기를 당부했다. 반복된 민원, 영향력이 큰 민원, 언론이 제기하거나 일상의 현장에서 개선이 필요한 문제 등은 그 제 도 자체를 개선해야 그 민원이 해결될 수 있다고 보았다.

우리는 이런 과제를 발굴하고 개선과정을 기록하기 위해 '제도개 선 관리시스템'이라는 프로그램을 만들었다. 이 시스템에 문서번호, 제목, 분야, 담당자, 추진단계, 결과유형, 추진일자 등을 적고, 각 과 제마다 어떻게 제안된 것인지, 제도개선이 가능한 사안인지, 그동안 추진된 내용은 무엇인지, 제도개선으로 합의된 사항이 있으면 그것 이 무엇인지, 그리고 구체적인 개선실적을 적었다.

'모든 제도는 합리적인 근거를 가지고 있는 것이 사실이나, 다양한 사회구성원들의 상황과 경험의 차이 및 변화하는 생활환경 등으로 인해 보완과 개선이 필요한 부분이 있다…. 제도개선은 행정편의보다는 변화와 혁신을 향한 긍정적이고 적극적인 태도로 국민의 입장과 시각에서 민원과 제안을 검토할 때 가능하다…. 동시에 불평등과 불균형을 시정하려는 정의롭고 합리적인 자세가 요구된다.'

불평등과 불균형을 시정하려는 자세, 나를 비롯한 제도개선 담당 공무원이 지녀야 할 자세였다.

'보육은 그 자체로 중요하다' 고 생각한 대통령

새벽 4시 35분, 위원장은 7시 30분에 다시 회의하자는 말을 남기고 엘리베이터를 탔다. '3시간… 옷만 갈아 입고 다시 출근', 복도 바닥이 빙글빙글 돌더니 한쪽 다리가 푹 꺾였다. 이러다가 정신을 잃는 거구나 싶었는데 나는 여전히 7시 30분 회의에 참석하고 있었다. 위원장은 말끔한 모습으로 회의를 주재했다. 참여정부의 보육정책을 기획한 부서는 국정과제위원회 고령화및미래사회위원회(이하 '미래위')다. 2004년 6월에 1차 육아지원정책 국정과제보고가 있었고, 2차 보고가 2005년 5월 4일(그러니까 어린이날 바로 전날이다)에 있을 예정이었다. 나는 2차 보고 준비를 맡은 실무책임자로 청와대 출근 3년차 비서였다. 2년 근무하면 이가 허물어진다는 청와대 노동강도인데, 이미 이와 잇몸이 남아나지 않을 시점에 나는 이해관계자, 전문가, 각 부처 장관과 총리, 그리고 대통령 앞에서 논의될 육아지원정책 국정과제 보고회 문건을 만들고 있었다.

새로운 보육정책의 핵심은 국공립이나 민간에 다니는 모든 아이들에게 일정한 보육료 즉 '기본보조'를 지원하는 것이었고, 6천억 수준인 보육예산을 약 1조원으로 늘려야 가능했다. 국공립 어린이집은 정부로부터 교사 인건비 등을 지원받지만 민간 어린이집은 정부지원이 없어서 운영이 어렵고 서비스 질이 떨어질 수 밖에 없다고 했다. 다 같은 대한민국의 새싹들인데 누구는 서비스가 좋은 국공립 어린이집을 다닐 수 있고, 누구는 서비스가 낮은 민간 어린이집을 다녀야 하는가에 대한 불만이 많았다. 주변에 국공립 어린이집이 없는 부모들의 마음은 한층 무거웠다. 그래서 국공립인가 민간인가를 따지지 않고 모든 아동에게 정부지원이 이루어지면 그 아동이 다니는 어린이집의 서비스가 자연스레 좋아질 거라는 기대도 있었다. 그래서 기본보조는 '서비스개선비용'이라고도 불렀다.

드디어 대통령 보고가 있는 날, 모든 아동에 대한 '서비스개선비용' 지급에 대해 각 부처의 의견이 제시되었다. 교육부는 "저소득층이 시급한데 모든 계층을 지원해야 되는 건가"를 질문했고, 노동부는 "선진국의 경우 취업모 중심으로 설계되어 있는데 우리도 여성의 경제활동참가율을 높이도록 설계해야 한다"고 했다. 재경부는 "미국이나 영국은 영리 어린이집에서 보육이 이루어지고 있다. 우리의 보육재정은 저소득층에게 사용되어야 한다"며 어린이집의 영리화를 언급했고, 예산처는 "낳으면 책임진다고 할 때 중산층은 대상이 아니다. 국공립 어린이집을 짓는 것도 가능하지 않다. 이렇게 지원해주면 재정이 파탄난다"며 보육재정에 대해 걱정했다. 대통령은 보육재정에 관해 예산처 장관에게 물었다. "얼마 내놓을라나?" "돈이 없습니다. 국채 발행은 안되겠고, 목적세를 도입할 수 밖에 없습니다."

주요 부처 장관들과 시민참석자들의 토론을 들은 뒤 대통령은 "대단히 중요한 문제에 대한 유익한 토론이었지만 소화하기가 좀 힘들었다. 보육은 그 자체로 중요하다고 생각한다. 그런데 출발이 출산력과 연계되어 있어서 부메랑이 될 것 같다"고 말씀하셨다. 출산율을 높이기위해 보육 정책을 언급하는 것이 맞는가를 물었고, 이 질문에 나는 고개를 들 수가 없었다. 여기저기서 저출산이 심각하니 대책마련이 필요하다는 분위기였고, 보육정책이 저출산 대책이 될 수 있으므로 보육예산 증가가 필요하다는 논리가 우리 보고내용의 밑바닥에 깔려 있었던 것이다. 사실 보육정책이 출산율 증가에 기여한다는 사례가 있었지만 확신하기는 어려웠는데 대통령은 이 문제를 짚어낸 것이다. 연이은 질문으로 "시설에 안 가고 집에서 키우는 아이들 문제는 어떻게 할거냐? 직장여성들의 문제는 어떻게 할거냐, 보육 차원에서 직장여성들에게 추가적 지원이 있는가? 보육 품질을 높여주어야 보육이라는 사회적 시스템을 이용할 것이다." 아이를 안심하고 맡길 수 있는 수준의 어린이집을 만들라! 대통령의 비서인 우리가 해야 할 일이었다.

"여러분은 낳기만 하십시오, 기르기는 제가 하겠습니다!" 노무현 대통령의 선거공약은 지금도 보육정책을 언급하는 데 자주 회자된다. 개별 여성이나 가족이 아닌 국가나 사회가 함께 책임지고 아이를 키워야 한다는 이 공약은 보육의 공공성 뿐만 아니라 사회서비스의 확충 그리고 보편적 복지를 전망하도록 했다.

이 일에서 손 떼세요….

어떤 사람들은 참여정부 보육정책이 보육예산만 키웠다고 비판한다. 보육예산을 키웠다는 점은 맞다. 그런데 보육예산만 키웠다는 비판은 좀 억울한 측면이 있다. 보육예산을 키운 것도 얼마나 다양한 이해관계자들과의 싸움 끝에 얻어진 것인지 어찌 짐작하지 못할까.

지금이야 보육예산이 거의 10조에 이르고 있지만 당시에 1조 재정확보는 그야말로 물불을 가릴 수 없는 예산전쟁이었다.

서비스개선비용 즉 기본보조 예산 확보를 놓고 재경부는 조건을 내걸었다. 먼저 보육료 자율화를 받아들이면 재정 확대를 추진하겠다는 것이다. 보육료 상한선은 규제이므로 가격규제를 풀어서 자유롭게 경쟁하도록 해야 보육서비스가 좋아진다는 것이 재경부의 주장이었다. 보육료 자율화에 가장 관심을 가졌던 사람은 한덕수 국무조정실장이었다. 여성가족부의 지은희 장관과 장하진 장관 모두 늘 이 문제로 경제 관료들과 목소릴 높여야 했던 것으로 기억한다. 보육료 상한선 폐지, 보육료 자율화, 보육서비스 규제 완화 등은 같은 의미다. 보육을 시장재로 인식하는 재경부는 차별화된 고급서비스 수요층을 위해 가격규제를 풀자고 했다. 재경부와 예산처가 약간의 온도차는 있었지만 경제 관료들의 시각엔 큰 차이가 없었다.

보육료 자율화를 국정과제 보고 문건에 넣을 것인지가 관건이었다. 보고 날짜를 이틀 앞둔 늦은 밤에 위원장은 다음과 같은 내용의 문구를 넣을 것을 주문했다. '육아비용 정부지원 예외시설 허용방안.' 추진계획은 '보육시설, 유치원의 선택으로 보육료, 교육비를 자율 책정할 수 있게 하고, 정부가 책정한 표준보육료, 교육비 이상을 받는 시설을 이용하는 아동에 대해서는 정부지원을 하지 않는 것' 이었다. 자율 책정이라니….

부모들이 어린이집에 내는 보육료가 상한선이 없이 자율 책정된다면 어떻게 될까. 아마 상당수의 어린이집들이 고급화와 조기교육을 내세우며 차별화를 시도할 것이고 정부지원이 필요하지 않을 만큼 보육료를 높여 받을 것이다. 자율화시설들은 정부의 기본보조를 포기하고 높은 보육료 책정을 선택할 것이고 이것은 결국 어린이집의 양극화를 초래하게 될 일이었다. 기본보조가 투입되어 보육재정이 증가한다 해도 어린이집 전반의 서비스 개선은 밑 빠진 독에 물 붓는 격이 될 것은 뻔한 일이었다. 그럼에도 보고 자료에 이 계획을 담은 것은 경제부처의 압박 때문이라고 볼 수밖에 없었다.

기본보조를 위한 예산 확보 싸움은 국정과제 보고회 이후 한층 치열해졌다. 얼마의 재정이 투입되어야 하는지에 대한 연령별, 소득분위별, 어린이집 유형별 시뮬레이션이 시시각각 요구되었다. 동시에 보육료 자율화 압박도 거세졌으며, 이를 반대하는 여성계와 시민사회계의 질타도 이어졌다. 미래위와 여성부는 소득수준에 따른 서비스개선비용의 차등화 즉 차등기본보조 도입도 고려하고 있었다. 그만큼 재경부의 압박이 컸고, 서비스개선비용을 확보하기 위해 재경부가 주장해온 '영리법인' 대신 '정부지원예외시설'을 통해 보육료 자율화를 수용하려는 움직임도 있었다.

그러던 어느날, 국공립 우선 확대와 보육료 자율화 반대를 언급하던 내게 위원장은 육아지원정책 업무에서 손을 떼라고 했다. 출근은 했지만 회의에는 참석할 수 없었다. 사직서를 낼까 망설이던 중에 당시 미래위 비서관은 성급히 판단하지 말고 일단 계속 출근할 것을 충고했다. 그만두고 할 일도 없었고, 이렇게 그만둘 수는 없다는 생각도 있었다.

청와대 근무 중에 가장 한가한 시간이었고 가장 자유로운 시간이었다. 이 시간 동안 나는 보육료 자율화의 부정적 영향을 정리하는 문서를 만들었다. 청와대 관련 비서관실, 국무총리실, 국회, 행정부, 시민사회단체, 관련 연구자들에게 보육료 자율화를 전제한 기본보조 도입은 기본보조 백지화보다 정치적, 경제적 손실이 크다는 것을 알렸다. 그렇게 한 달을 보내고 나는 미래위를 떠나 사회정책비서관실로 발령을 받는다.

당시 대통령비서실에는 시민사회의 의견을 반영하고 참여를 일상화하기 위한 별도의 부서가 있었는데 시민사회수석비서관실이다. 주요 정책에 관해 시민사회단체들의 목소리를 듣는 영향력있는 협력 창구였다. 어느날, 주요 현안을 보고하는 일일현안점검회의에 올라온 시민사회수석실 보고 제목이 '보육료 자율화'였다. 검토의견은 다음과 같았다. '여성부는 국정과제회의에서 선공보육 강화, 후추진 검토 입장인 반면, 재경부는 보육료 자율화 조기실시를 주장함. 이후 여성가족부는 보육료 자율화에 대해 검토된 바 없다고 해명함. 경제 부총리 주재의 경제상황점검회의는 재정의 공보육지원 확대와 함께 보육시설에 대한 가격규제 개선을 결정함. 보육료 자율화는 시민사회단체의 반대와 참여정부의 정체성 논란을 일으킬 사안으로 논의유보가 필요함.' 지금까지 보육료 상한선은 지켜지고 있다. 영광이랄 것도 없지만, 상처 뿐이지는 않았던 청와대 생활 한자락이다.

2005년 12월, 나는 대통령 비서로서의 생활을 마감했다. 2년 8개월 남짓한 시간, 나에게 청와대는 빡센 일터였다. 책이나 논문으로 읽었던, 단체나 현장의 목소리로 들었던 혹은 연구자로서 내 머릿속에 구상되었던 정책들을 직접 설계해보고 어떻게 작동되는지를 경험한 장소였다. 그 과정은 너무나 역동적이고 세밀해서 시작과 끝이 같을 수 없었다. 정책을 설계할 때와 실행에 들어갈 때는 이상과 현실의 차이가 얼마나 큰지도 알 수 있었다. 힘들었지만 자부심으로 살아내었던 그리고 아침 잠이 많은 나를 벌떡 깨워주었던 청와대 근무에 대한 기억이 채 사라지기도 전에 나는 또다시 청와대를 경험하게 된다. 대통령 비서 1기를 끝내고 2기를 시작한 셈이다.

이름이 버거웠던 바로 그곳, "어, 여성비서관이시군요"

늘 그렇듯, 부처 과장급 이상이 들어오는 회의의 참석자 대부분은 남성들이다. 관료사회의 고위직은 주로 남성들의 전유물이었음에도 비서관이라는 직위로 다시 대통령비서실의 일을 시작한 것은 2007년 4월, 그러니까 참여정부의 마지막 해에 빈부격차차별시정위원회의 비서관으로 임명받았다. '빈부격차차별시정,' 신자유주의의 거센 물결 앞에서 그 이름값을 하는 것이 가능한 일이었을까.

'빈부격차차별시정비서관'으로 다시 대통령비서실에 들어갈 때의 심정은 그야말로 양가적이었다. 비서관 제안을 받고 약 한 달 동안은 이른바 '잠수'를 탈만큼 고민과 갈등이 많았다. 지금 또 청와대에 들어가서 무슨 일을 한단 말인가. '끌려간다'와 '불사르다.' 청와대의 노동강도를 생각하면 끌려가는 것이고, 차별시정의 업무를 생각하면 불사르지 않으면 안될 시기였다.

전임 비서관은 김수현, 황덕순. 이름만 들으면 여성일 것 같은 이 두 비서관은 모두 남성이다. 이들에게 "어, 남성비서관이시군요"라고 얘기한 사람이 얼마나 있었을까 싶지만, 나는 한동안 "어, 여성비서관이시군요"라는 인사를 듣곤 했다.

빈부격차차별시정위원회는 대통령자문 국정과제위원회 가운데 하나였지만 참여정부 출범과 동시에 설치된 것은 아니다. 국민의 정부 시절의 '삶의 질 향상 기획단'이 참여정부 출범 직후에 '사회통합 기획단'으로 개편되어 1년여 동안 활동을 하다가, 2004년 6월 5일자로 '빈부격차차별시정위원회'로 개편되었다. 같은해 7월 1일에 '빈곤대물림 차단을 위한 희망투자전략'을 주제로 첫 번째 국정과제 회의를 개최하면서 활동이 본격화되었다.

채 1년이 남지 않은 기간 동안 나는 무엇을 할 수 있을까. 참여정부 초중반이 '빈부격차'를 줄이는 국정과제에 집중했다면 아마도 나는 '차별시정'에 집중해야 하는 거 아닐까. '빈부격차의 완화'와 '사회적 차별의 시정,' 이 두 가지 화두는 평생을 바쳐도 아깝지 않을 국가적 아젠다였기에 겁 없이 참여정부의 마지막을 함께 하기로 마음먹었다. 그리고 나는 내 마음대로 빈부격차차별시정위원회를 '빈차위'가 아니라 '차별위'로 줄여서 불렀다. '차별시정,' 그 일을 위해 다시 청와대에 발을 담갔다.

"나이 지긋한 할머니가 일기예보 해주시면 안되나요?"

고문과 불심검문, 집회의 자유는커녕 1인 시위도 뒷일이 무서워 벌벌떨던 시기로부터 국가인권위원회 설립은 그야말로 인권시대로의 전환이다. 언론, 출판, 집회, 결사의 자유는 자유민주주의 국가의 가장 오래된 기본권이지만 공권력에 의한 기본적 인권 침해는 대한민국 민주주의 수준을 가늠하게 한다. 국가인권위원회가 힘찬 날개짓을 하기 시작했던 2003년, 인권변호사 출신 노무현 대통령은 자유권적 기본권 뿐만 아니라 평등권 즉 차별시정이라는 한단계 진전된 인권 국가로의 비전을 제시한다.

독립적 기구인 국가인권위원회 역시 차별금지를 위한 별도의 TF를 구성하고 관련 법 제정을 준비하고 있었다. 차별개선에 대한 요구가 늘어날 것을 예측하고 있었지만 차별금지의 법적 근거는 미흡했다. 나는 차별판단지침을 만드는 국가인권위 TF에 참여한 적이 있어서 외국의 차별금지법과 차별금지사유 등을 공부하고 우리가 마련해야 할 법률적 근거나 기준을 찾는 데 관심을 가지고 있었다. 이런 이력 때문에 대통령 비서 1기 시절부터 나는 차별위 회의에 자주 갔었고, 이후로도 차별시정 업무의 추이를 살펴보고 있던 참이었다.

대통령 '빽'이 생겨서 기분이 좋았던 일이 있다. 대통령은 여성 비정규직 일자리와 관련한 언급 중에 "이건 제가 따로 지시를 하려고 합니다만… 적어도 공공부문에서 용모와 나이를 기준으로 여성을 채용하는 자리들은 전부 검증 한번 하세요. 30대 중반, 40대, 50대도 얼마든지 KTX에서 일할 수 있어요. 방송도 그렇게 꼭 젊고 예쁜 여자만 나와야 합니까? 나이 지긋한 할머니들 나와서 일기예보 해주면 안

되나요?"라며 대통령은 공공부문에서 공식, 비공식적으로 존재하는 채용기준을 일제히 조사할 것을 요청했다. "용모와 나이를 중시하는 고용관행이 여성들에게 고용상의 차별로 작동하고 있으므로 이 문제를 개선해야 한다"는 말씀은 차별시정에 관심을 가진 나에겐 엄청난 '빽'이었다.

사실 법이 없는 것이 아니다. 국가인권위원회법을 비롯해서 남녀고용평등법과 고용정책기본법 등에서 용모와 나이에 대한 차별을 금지하고 있었지만 현실에서는 거의 무용지물이었다. 민간기업은 말할 것도 없고 공공부문 심지어 국민들의 의식도 마찬가지였다. 특정대학이 아니면 서류전형부터 통과하기가 어렵다. 여성은 능력과 무관하게 키, 몸무게 등 외모로 평가받는 일들이 허다했다.

차별위는 법령상 차별적 면접기준을 개선하기 위해 외국사례들을 참조하여 남녀고용평등 업무처리규정을 정비하고, 여성면접관 배치, 개방형 표준이력서 제작, 직무중심의 표준면접 가이드라인 작성, 연령차별 금지 가이드라인 제정, 고용평등 체크리스트 제작 등을 추진전략으로 제시했다. 그리고 무엇보다 용모와 나이에 근거한 차별적인 고용관행을 개선하기 위한 의식변화가 필요하다는 점을 강조하고 공익광고 제작과 언론 모니터링, 외모주의 인식개선 교육프로그램을 개발하여 보급하기로 했다. 표준이력서와 블라인드(blind) 면접은 학벌과 외모 차별을 개선하는 데 큰 역할을 했다. 이 모든 정책들은 지금도 필요하다.

늦었다고 생각할 때가 가장 빠른 것은… 아니었다

대통령 비서 2기를 시작하며 가장 숨가쁘게 추진해야 할 일은 차별금지법 제정이었다. 빈부격차차별시정위원회(이하 '차별위')가 차별시정과 관련하여 처음으로 대통령 보고를 한 것은 2004년 10월이다. 차별금지를 위한 행정부처들의 입법동향은 노동부가 고용차별금지법을, 국가인권위원회는 (포괄적인) 차별금지법을, 그리고 장애계는 장애인차별금지법을 주장하고 있었다. 이 시기에 차별위는 차별금지법 제정보다 인권위, 노동부, 여성부 등에 분산되어있던 차별 피해조사가 국민의 입장에서 혼란을 초래할 수 있다는 현실적인 상황에 주목했다. 각 부처마다 차별을 판단하는 기준이 달랐고, 피해구제의 효력도 서로 달라서 동일한 사안에 대해서도 구제조치가 다를 수 있었다. 국민의 입장에서 의도하지 않은 불이익을 받을 수 있으니 우선 국민들이 혼란스럽지 않도록 하고 싶었던 것이다.

먼저 차별 피해 접수와 조사기구의 일원화를 추진한다. 주요 국가들이 차별시정기구와 행정부서를 분리시키는 것을 참고하여 독립기구인 국가인권위원회로 차별시정기구를 일원화한다. 그리고 인권위에 여성과 장애인 등의 차별시정을 위한 전문위원회를 설치한다. 이러한 일정으로 차별관련 법과 인프라를 정비하던 2004년 말과 2005년 초, 헌법재판소는 병역 의무와 양심의 자유 위헌 기각결정을 내리고, 성매매 방지 특별법이 내수를 침체시킨다는 재계와 언론의 비판이 목소리를 높이고 있었다. 참여정부 2년이 가까워오는 시점이었다.

차별시정에 대한 정책적 접근이 비정규직, 장애인, 결혼이민자 등을 중심으로 이루어지고 있던 2004년 이후 국가인권위원회는 차근차근 차별금지법을 준비했다. 인권위의 차별금지법 제정 논의에 대해 장애계는 장애인차별금지법의 우선 제정을 주장했고, 이를 둘러싼 긴장감이 일촉즉발의 상황이었다. 그리고 2005년 말, 해당 법률의 소관부처였던 보건복지부가 정부의 장차법 추진 포기를 발표하자, 장애계는 의원입법으로 장차법 제정을 추진하는 길을 걸었다. 장애계는 2006년 3월, 국가인권위를 50여일간 점거농성할 정도로 장차법 제정 의지가 강했다. 이런 사회적 분위기에서 빈부격차차별시정위를 포함한 장차법 민관공동기획단이 구성되고, 입증책임 배분, 시정권한, 시정기구 등의 여러 가지 쟁점들을 포함하면서 2007년 2월 제17대 국회 임시회 본회의에서 '장애인차별금지 및 권리구제 등에 관한 법률'이 통과되기에 이른다.

장차법 제정은 장애계의 오랜 숙원을 해결한 것이다. 그렇다면 '장애'가 아닌 다른 수많은 사유로 인한 차별은 어떻게 해야 할까. 이에 대한 답이 일반적 차별금지법이었는데, 일반적 차별금지법이 없는 상태에서 장애인차별금지법이 제정된 것은 숲 없이 나무를 그린 것과 유사한 모습이었다. 결과적으로 나무를 보고 숲을 그려야만 하는 상황이 발생했다. 장차법이 여타의 차별금지를 위한 법률의 기준점이 되어 버렸고, 일반적 차별금지법의 조문도 장차법의 조문을 토대로 다시 정리되어야 했다.

다음 대통령 선거일까지 8개월이 채 남지 않았다. 이 기간 동안 차별금지법을 마무리할 수 있을 것인가. 정부입법으로 추진하려면 소관부처인 법무부의 입법발의, 관계부처 협의, 입법예고, 규제개혁위원회 규제심사, 법제처 심사, 차관회의 그리고 국무회의를 거쳐서 대통령의 재가를 받아야 국회에 보낼 수 있다. 무엇보다 임기말에 법무부가 차별금지법을 발의하도록 해야 했다. 입법 예고기간과 이런저런 회의 일정을 계산해보면 참여정부 마지막 국무회의에라도 차별금지법안을 상정하기에는 턱없이 부족한 시간이었다.

차별금지법추진기획단을 만들고 관계부처 회의를 서둘렀다. 임명장을 받은 지 1주일만인 4월 18일, 차별금지법 부처실무회의를 법무부, 복지부, 노동부, 국조실, 국가인권위가 참석한 가운데 열었다. 그리고 2차 회의를 5월 9일에, 3차 회의를 5월 17일에, 4차 회의를 5월 23일에, 5차 회의를 5월 29일에 열었다. 인권위의 '차별금지법 권고법안'을 토대로 차별금지법추진기획단 조정안으로 정리하고, 부처의견 조회를 6월 13일까지 받아서 최종조정안을 만들었다. 숨가쁜 두 달이 훌쩍 지나갔다.

차별금지법 최종조정안을 법무부에 보낸 것은 2007년 7월 4일, 법무부에 보낸 공문의 제목은 '차별금지법제정추진기획단 조정안 법무부 이관'이다. 이 공문의 수신자는 법무부장관이었고, 법무부 인권국장을 경유하도록 했다. '차별시정비서관의 주재하에 1차회의('07. 4.18)에서 동업무의 소관을 귀 부로 이관하도록 한 결정에 따라 기획단 조정안을 법무부로 이관하니 추후 차별금지법 제정추진을 위한 업무를 조속히 처리해주시기 바랍니다'라는 내용과 함께 최종안을 첨부했다. 법무부가 참여정부 국무회의에 올린 차별금지법안은 이 최종안과는 달랐지만 겨우 국무회의를 거쳐 차기 대통령선거를 며칠 앞둔 12월 12일 국회에 접수된다. 19일, 이명박 후보의 당선이 결정된 선거가 끝나고, 12월 23일 국회 법사위는 열리지 않았으며, 2008년 5월 17대 국회는 차별금지법안을 폐기한다. 서둘렀지만 이미 늦은 차별금지법이었고, 지금껏 차별금지 법률은 제정되지 않고 있다.

이 과정에 짚어둘 이야기가 있다. 차별금지법의 법무부 이관 이후 차별금지사유가 논란이 될 당시 차별시정비서관은 공식적으로 존재하지 않았다. 차별위와 차별시정비서관은 왜? 어떻게 사라졌을까?

대통령과 함께 한 오찬

대통령 비서들이 모두 대통령을 자주 볼 수 있는 것은 아니다. 어느 날 비서동에 불쑥 찾아온 대통령을 만났다는 이야기가 만담처럼 흘러다니는 경우도 있었지만 나에게 그런 기회는 없었다. 대통령을 가장 가깝게 만난 것은 어느 날의 오찬이었는데 별도로 시간을 내기 어려울 경우 식사시간은 가장 효과적인 보고시간이었던 것 같다.

2007년, 여전히 대통령과 언론의 관계가 편하지 않았고, 국민 삶의 형편에 관한 언론 보도에 대해 대통령은 특별히 민감했다. 요즘 말로 팩트가 진실로 궁금하셨던 것 같기도 하다. 2007년 2월 통계청이 발표한 가계조사결과를 가지고 언론들은 참여정부에서 양극화가 심화되었다는 기사를 줄줄이 보도했다. 신자유주의와 양극화로 인한 피폐함을 언급하는 언론은 참여정부의 모든 정책적 성과들을 쓸어버릴 듯했다. 차별위는 소득분배의 실제 추이에 관해 대통령 서면보고를 하고, 이 내용을 다시 수석보좌관회의에 대면보고했다. 요지는 소득분배가 악화한 것은 사실이나 소득재분배 효과는 크게 향상되고 있다는 내용이었다. 한 사회의 소득분포 상태를 나타내는 지표인 지니계수는 외환위기 이전에 비해 악화되었지만, 시장소득 지니계수와 가처분소득 지니계수의 차이를 통해 나타나는 소득분배 개선효과는 꾸준히 향상되고 있었다.

여전히 양극화 담론의 공포가 언론을 통해 휘몰아치던 중에 대통령은 소득격차를 줄이기 위한 정책패키지를 만들어달라는 주문을 했다. 대통령의 관심은 양극화 해소에 집중되어 있었다. 양극화 개념이 무엇인지, 이제껏 정부가 사용해온 개념과 학술적인 개념과는 차이가 있는지, 양극화 발생 구조는 무엇인지 그리고 고용 및 소득양극화 해소 대책은 무엇인지를 정리하라는 것이었다. 특히 참여정부 기간 동안 소득분배구조의 개선이 얼마나 있었는가에 대한 대통령의 관심으로 나와 남찬섭 박사(현 동아대 교수), 김소영 연구원은 여러날 밤샘 근무를 해야 했다.

오찬을 겸해 대통령과 둘러앉은 원탁 보고 자리, 차별시정비서관으로 임명된 지 두 달만이었다. 본관 백악실. 통합재정기준으로 사회지출이 경제지출을 앞질렀고, 경제위기 이후 정부정책의 재분배효과는 점차 증가하는 추세임을 보고 받은 대통령은 또다시 추가 업무를 주셨다. "국민들이 부담하는 조세는 얼마나 되나요? 이러한 조세부담이 각 소득분위별로 어떻게 다른가요? 국가로부터 받는 서비스(기초생활보장, 공적연금, 건강보험, 교육, 보육, 주택 등)는 소득분위별로 얼마나 될까요? 한번 계산해보세요." 아… 이 끊임없는 주문…. 대통령의 통찰은 늘 고개를 떨구게 만들었고 동시에 아… '언제 이 일을 다할 수 있을까…' 그 다음엔 '얼른 해야지'의 순서를 되풀이하게 만들었다.

밥이 코로 들어가는지 입으로 들어가는지 모르는 이 오찬보고가 특별히 기억에 남는 또 하나의 이유는 비서관으로 참석한 나에게 이런 말씀을 건네셨기 때문이다. "이숙진 비서관님, 이제 비서관이시니까 선거도 나가고 정치를 해야지요." 한 번도 생각해보지 못한 영역이었다. 청와대 비서관이면 이제 정치인이 되는 것인가 갸우뚱했고 늘상 정치와 정책을 구분했던 나의 정체성이 잠깐 흔들리는 순간이었다. 나도 선거에 뛰어들어야 하는 건가? 아이고 대통령님, 저는 못할 것 같아요…. 속으로 이렇게 답을 드렸다.

차별시정비서관에서 양극화민생대책비서관으로…

한마디로 참여정부는 마지막까지 매우 바빴고 그리고 치열했다. 어수선한 사무실로 시작했던 2003년보다 2007년의 임기말 대통령비서실은 호떡 집에 불난 것에 비할 바가 아니었다. 자료를 정리하고 기록을 남기고 그리고 더 중요하게는 국정과제를 행정부처에 이관하느라 바빴다. '빈부격차차별시정위원회'와 '사람입국일자리위원회'의 2개 사무국과 기획예산처의 '사회서비스향상기획단'이 통합하여, '양극화민생대책본부'를 신설하고 이를 기획예산처에 두도록했다. 기획예산처가 양극화 문제 해결에 나서도록 한 것이다. 양극화민생대책위원장으로 이혜경 빈부격차차별시정위원회 위원장이 임명되었다.

차별위의 해체와 예산처로의 통합, 이 모든 결정이 진행되는 과정을 차별시정비서관인 나는 알지 못했다. 더욱 황당했던 것은 대통령비서실 소속이었던 나만 홀로 청와대 비서동에 남겨졌고, 동고동락을 같이했던 사무국은 예산처 양극화민생대책본부의 직원이 되어 방배역 근처 사무실로 옮겨간 것이다. 차별시정비서관으로 일한 지 석달째, 대선을 코앞에 두고 무슨 생각으로 조직을 바꾸고 나는 갑자기 차별시정비서관에서 양극화민생대책비서관이 되었는지 이해할 수 없었다. "너 누구야?"라고 묻고 있던 그때의 얼굴들이 떠올랐다. 나는 여전히 이방인인 것인가.

당시 정책조정비서관이었던 김성환 비서관에게 조직개편의 연유를 물었지만 "양극화가 심각하고 민생대책이 중요해서"라는 답을 들었다. 참여정부는 대통령이 바뀌더라도 중요한 과제를 담당하는 행정부처 업무는 지속될 것으로 믿었다. 양극화는 참여정부 말기의 최대 화두였고 우리가 앞으로 풀어야 할 핵심적인 국정과제인 것은 틀림없는데 차별위의 해체는 서운한 감이 없지 않았다.

각종 보고서와 리포트는 지속적으로 생산되었다. 한편에서는 체계적이고 종합적인 관점에서 양극화에 대응하는 이론 작업을 추진하고, 다른 한편에서는 단시일에 해소 가능한 민생안정대책을 추진하기 위해 대통령비서실 민생안정대책 TF를 구성했다. 나는 양극화민생대책비서관으로 TF의 주요 참석자가 되었으며 이 회의는 사회정책수석과 경제정책수석이 번갈아가며 회의를 주재하며, 12개 과제에 대해 집중 논의했다. 9월 3일에는 '신용카드 수수료체계 합리화방안' '이동전화요금 경감방안' '기초생활수급대상자 보조금 압류금지방안' '비정규직 차별시정 및 고용안정 지원대책' '불법명의물건 (대포) 근절 대책' '상조업 소비자 피해예방대책'의 6개 중점과제 추진대책을 대통령에게 보고했다. 당시 청와대에 근무했던 부처 파견 공무원들은 폭주했던 업무량에 "이건 임기말이 아니다"며 고개를 저었다.

마지막, 그래도 여성부를 지키자고…
대통령비서실의 여성들

끝날 때까지 끝난 것이 아니다. 대통령 비서들은 대통령의 생각을 쫓아 마지막 순간까지 업무를 하고 있었다. 쉼없이 달려온 모든 일들이 대통령 선거가 끝나자 순식간에 정지된 것 같았다. 청와대 옆길 삼청동엔 이명박정부 인수위원회가 설치되었고, 청와대 비서동과 녹지원에서 느껴지는 햇살이 마냥 따뜻하지만은 않았다.

이명박정부 인수위원회는 정부 조직개편안을 내놓고 여성가족부를 폐지하겠다고 공언했다. 대통령 선거 기간 동안 이명박 후보(2007. 11. 30.)는 "여성가족부는 뚜렷한 자기기능을 가지고 있고, 각 부처에 흩어져 있는 기능을 여성가족부로 합치는 게 좋다고 생각한다"며 여성가족부를 폐지하지 않을 것이며, 심지어 더욱 확대되어야 할 부서라고 공약했다. 하지만 대통령에 당선된 이후에는 여성부가 있으면 다른 부처에서 여성권익에 신경을 쓰지 않기 때문에 여성가족부를 통폐합하겠다고 말했다. 여성가족부 통폐합은 여성계 전체를 흔들었다. 여성단체, 학계, 여성계원로, 전현직 여성정책전담부서 장관, 그리고 여야를 막론한 여성 정치인들은 여성가족부 존치를 위한 성명서를 발표했다.

몇몇은 떠나버린 조금은 썰렁한 청와대에서 양극화민생대책비서관실은 이런 문건을 검토하고 또 작성하고 있었다. '여성가족부 폐지를 둘러싼 쟁점과 과제' '왜 여성가족부 인가' '지금 우리에겐 여성가족부의 확대·강화가 필요하다.' 결국 여성가족부는 존치되었다. 성평등 사회를 위해 아직은 필요하다며 지키고자 했던 여성가족부였다.

국민의 정부가 참여정부로 이어지는 2003년 1월 22일 인수위 시절에 노무현 대통령 당선인은 "여성의 사회적 진출 확대를 위해 여성부의 정책이 보다 실효성을 얻으려면 타 부처와의 사전 조율과 유기적인 협조가 필수불가결한 만큼 여성부에서 치밀한 연구와 각별한 노력을 기울여 달라"고 당부했다. 1월 17일 회의에서는 "여성정책 관련 담당부처가 각 행정부에 산재해 있어 효율적인 정책 집행이 어렵다. 여성정책조정기구의 청와대, 국무조정실 설치를 검토하라"고 지시했다. 노무현 대통령은 여성문제가 단지 여성부에만 있는 것이 아니라 여러 부처에 걸쳐있고 따라서 부처간 협조와 조정이 필요함을 알고 계셨다.

참여정부 출범시기에 내각에 참여한 여성장관은 역대 정부에서 가장 많았다. 강금실 법무부장관, 김화중 보건복지부장관, 한명숙 환경부장관, 지은희 여성부장관이 있었다. 청와대에는 박주현 국민참여수석이 임명되었다. 민원제안, 제도개선, 법무, 균형인사, 업무혁신, 해외언론, 국정홍보, 국내언론, 교육문화, 지속가능, 빈부격차차별시정, 시민사회, 정보과학기술, 정무, 행사기획, 보도지원 등의 영역에 여성 수석, 여성 비서관, 일반직과 별정직 여성 행정관들이 근무했다. 청와대의 여성 숫자는 적지 않았고 여성들의 목소리 또한 작지 않았다. 그러나 결코 같거나 동등한 것은 아니었다.

죽을 것처럼, 죽을 만큼 최선을 다해 제도와 시스템을 만들어갔지만, 새로운 정부가 들어서더니 사람이 바뀌고 또 제도와 시스템도 허물어지는 것을 보았다. 그리고 깨달았다. 제도나 시스템도 중요하지만 언제나 사람이 먼저인 것을. 누가, 무슨 생각으로, 무엇을 하려고 하는지가 시스템을 통해 구현되는 것이고, 그 반대는 아닌 것을. 성공과 실패의 이분법에 갇히지 않으며 사람을 중시했고 사람만을 바라보았던 그 시간들이 10년이 넘은 요즘 참으로 새삼스럽다.

오늘, 우리는 여전히 할 일이 많은 내일을 맞고 있다. 참여정부 대통령비서실의 성평등은 이렇게라도 작동할 수 있었음을 팩트로 남겨 놓고, 이렇게 낯설지 않은 회고를 하는 이유는 더 나은 미래를 기대하기 때문이다. 사람 사는 세상, 성평등 세상을 위한 사람과 제도에 대한 기대….

인사로 성평등을 말하다

조현옥

인사로 성평등을 말하다

조현옥 _ 참여정부 균형인사비서관

진입 -청와대 가는 길

청와대에서 일한 적 있다 하면 우선 '와 대단하다' 는 감탄의 눈길
도 있지만 한편으로는 의심의 눈초리도 만만치 않다. 청와대로의 진
입은 대부분 비공개로 이루어져 '어떻게 거기까지 가서 일을 했지'
라는 생각도 있을 테고 '나는 새도 떨어뜨리는 어마어마한 힘을 가진
조직인 청와대에서 저 여자가 정말…' 하는 의구심도 있을 터이다.

난 2006년 5월부터 다음해인 2007년 8월까지 참여정부의 말기 즈
음에 아주 짧은 동안 청와대 인사수석실의 균형인사비서관으로 일했
다. 내가 경험한 청와대는 보통 사람이 생각하듯 권력의 정점에 있어

서 매일 암투와 음모가 횡행하는 비밀 조직인 요새는 아니었다. 그냥 아침 일찍 출근하고 저녁밥까지 일삼아 먹으면서 일하는 빡쎈 직장이었다. 당연 권력의 중심에 있다 보니 대한민국 전체가 소관영역이어서 한시도 긴장을 늦추지 못하긴 했지만.

다른 일터와 다른 점이라면 직원들이라도 매일 아침 가방조사 하면서 들어가야 하는 보안이 철저한 곳이었고 시내와 뚝 떨어져 있어 교통은 불편하나 주변 경관은 관광지 못지않게 아름다운 곳. 물론 처음 청와대에 들어갔을 땐 딴세상 같은 녹지원을 보고 '매일 산보해야지' 하지만 정작 일을 시작하면 바쁘기도 하고 심드렁해져서 '산보보다는 휴식이지' 라고 생각하는 평범한 사람들이 일하는 일터다.

나의 청와대 경험은 자문위원회 위원으로서였다. 당시 시민사회수석실에서 관장하던 정보공개자문위원으로 청와대를 드나들기 시작했고 나중에 민정수석실에서 담당했던 윤리심의위원을 맡으면서 좀 더 청와대에 대해 관심을 가지기 시작했던 것 같다. 당시 나는 여성단체 대표 임기를 마치고 학교 강의를 하면서 집중해서 일할 수 있는 자리를 찾고 있던 시기여서 더더욱 유심하게 볼 수 있었던 것 같다.

자문위원을 하다가 마침 공석이었던 균형인사비서관직에 몇몇 여성계 선배들의 추천을 거쳐 몇 달 동안의 검증 작업을 거쳐 청와대에서 일하게 되었다. 즉 처음부터 대통령과 친분이 있던 사이도 아니고 친노그룹도 아니었던 셈이다. 이처럼 청와대에는 대통령과 친하거나 선거캠프에 있었던 소위 측근들만 일하는 것이 아니라 전문성을 가지고 추천을 받아 들어온 비서관이나 행정관들도 꽤 많았다.

정부 부처에서 파견 나온 공무원들과 일반인으로 있다가 일하러 온 별정직으로 이루어진 비서실은 어느 유형이 많은가에 따라 각 수석실 분위기가 그야말로 천차만별이었다. 별정직이 많았던 시민사회수석실이나 홍보수석실은 자유로운 분위기였고 일반 파견 공무원들이 많았던 인사수석실이나 민정수석실은 좀 딱딱한 편이었다. 유학 후 시민단체 활동과 학교 강의만 하던 나로서는 그야말로 긴장되는 나날들이었다. 그러나 정치학을 공부하고 강의까지 하는 터여서 권력의 핵인 청와대에서 일한다는 것은 나에겐 좋은 경험일 뿐만 아니라 굉장한 관찰의 기회이기도 했다.

참여정부는 중요지향점 중 여성발전을 넣었을 정도로 여성에 관해 많은 관심을 가지고 있었다. 국민의 정부에 이은 여성들의 전성시대라 해도 과언이 아닐 것이다. 그러나 역시 청와대에서 일하는 여성들은 소수였다. 내가 근무할 당시 수석 중에 여성은 없었고 여성비서관도 5~6명 정도였다. 통상 여성자리라 여겨졌던 균형인사비서관,

제2부속실장과 당시 교육비서관, 해외언론비서관, 춘추관장 등을 여성들이 맡고 있었다. 전체 비서관 중 10% 정도 되는 비율이었다. 이도 국민의 정부부터 조금씩 늘어나기 시작하였다니 힘이 좀 있는 곳에 여성들의 진입은 역시 어려웠다.

이런저런 과정을 거쳐 인사수석실의 균형인사비서관으로 출근하기 시작한 것은 5월이었다. 청와대의 경우 세부검증과정이 있기 때문에 내부에서 결정이 되면 출근부터 먼저하고 검증이 끝난 후 발령을 받는 시스템으로 운영된다. 물론 검증이 잘 안되면 임명되지 못하는 것이고 발령받기 전 근무는 월급도 받지 못한다. 억울한 일이다. 2007년 그 당시 대통령후보로 출사표를 던졌던 한명숙 전 총리의 선거를 돕기 위해 8월 직을 마칠 때까지 겨우 1년이 겨우 넘는 짧은 기간이었기에 경험의 양도 많다 할 수 없다. 그러나 인사에 대한 비판이 폭주했던 대통령 임기말의 인사수석실 1년은 영광과 고통의 1년으로서 심적으로는 그리 짧지 않은 기간이었다.

아래 이야기들은 1년여에 걸친 청와대 생활에 대한 나의 소회이다. 객관적 사실이라기보다는 내가 보고 느낀 것을 적은 것이기 때문에 다른 시각에서 보면 다를 수 있다는 것도 미리 알려 놓는다.

인사는 시스템으로 -인사수석실과 균형인사비서관

나는 인사수석실 내에 있는 균형인사비서관으로 임명되었다.

인사수석실은 참여정부 들어와서 새로 생긴 수석실이다. 그 이전까지 인사는 주로 민정에서 추천과 검증을 같이 하거나 비서실이나 외부의 추천을 받아 검증하고 임명하는 과정을 거쳤다. 참여정부는 인사 추천과정부터 투명하게 시스템 인사를 구현해보자라는 취지에서 설계단계부터 자리에 맞는 적절한 인사들을 추천하는 역할을 맡은 인사보좌관을 두었다. 인사보좌관제는 후에 인사수석실로 승격되어 전반적인 인사를 다루는 인사관리비서관실, 제도를 담당하는 인사제도비서관실, 여성, 이공계, 장애인 등 인사에서 소외되기 어려운 층을 챙기는 균형인사비서관실로 구성되었다.

균형인사비서관실의 목표는 참여정부 인사 기조 중의 하나였던 비주류들이 공직에 소외되지 않고 등용되게 함이다. 참여정부의 기본 정신은 비주류의 주류화였다. 노무현 대통령 자체가 정치권 뿐만 아니라 소위 잘 나간다는 엘리트 사회에서 비주류였음은 누구나 아는 일이다. 그래서 "노무현 대통령의 가장 큰 업적은 대통령에 당선된 것이다" 라는 말이 있을 정도였다. 숫적으로는 우리 사회의 주류를 이루고 있는 수많은 비주류들에게 희망을 주었다 할까.

그래서 균형인사비서관실은 그동안 배제되기 일쑤였던 사회적 소수그룹인 여성, 장애인, 이공계 등의 요직으로의 등용을 배려하기 위해 만들어진 부서였다. 인사를 통해 모든 것을 이야기하겠다는 참여정부가 얼마나 소외계층에 대해 생각하고 있는가를 보여주는 상징적인 부서였다.

우리가 보통 일반적인 기준에 맞추어 인사작업을 끝내놓고나면 지역이나 성, 분야에 있어 한 곳으로 쏠리는 일이 많이 나타난다. 인사책임자들은 "전혀 그럴 의도는 없었다" "그 자리에 능력있는 인사를 인재풀에서 찾다보니 그렇게 됐다"고 항변한다. 억울하다는 이야기다. 하지만 이미 오랫동안의 불균형적인 인재등용을 통해 이미 그 인력풀이 기울어진 운동장이 되었기 때문에 그들 나름대로 형식에 맞추어서 인사를 해도 불균형하게 나타나는 경우가 많다. 따라서 인사는 결과를 생각해서 작업을 해야 한다.

이러한 현상은 특히 여성에게서 많이 나타나는데 인구의 50%를 차지하고 있지만 문화나 인식 등 여러 가지 이유로 여성의 사회진출은 더뎠고 인력풀에도 제대로 들어있지 못했다. 이러니 어느 분야든 여성을 등용하라 하면 제일 먼저 나오는 말은 쓸만한 여성이 없다는 이야기이다. 이는 장애분야나 이공계도 마찬가지이다. 그래서 쓸만한 인재들을 항상 준비해 놓고 때에 따라서는 인사균형을 위해 압박을 가하는 일도 균형인사비서관의 일이었다. 인재준비와 압력 뿐만 아니라 균형적인 인사를 위해 다양한 제도들을 도입하는 일 또한 중요한 직무였다.

나는 참여정부의 후기에 임용되어 이미 양성평등목표제 등 제도들은 많이 마련되어 있어 그 제도들을 정착시키는 일, 여성인재 등 발굴작업, 압박 등이 주요 업무였다. 물론 이 업무 외에 일반적인 인사를 담당하는 인사관리비서관실을 지원하기 위해 소위 사회부서들이라 불리우는 교육부, 노동부, 복지부, 여성부, 인권위 등의 인사 자료들을 관리하고 후보를 찾아내는 일도 함께 맡았다.

따라서 항상 신경을 곤두서고 있는 것은 소외 그룹들이 인사에서 배제되지 않도록 감시하고 압박하는 일과 소외그룹들을 추천하는 일이었고, 또 일상적인 일들은 담당 부처나 공공기관에 공석이 생겼을 때 인사공백이 생기지 않도록 후보자 리스트를 만들고 검증하는 일들이었다. 본격적인 검증은 물론 민정수석실에서 담당하고 있었으나 인사수석실에서도 일차적인 검증작업이 있었다. 각 영역에서 추천을 받고 그 영역에 있는 사람들에게 평판을 듣는 일이었다. 사실 사람들에 대한 평판은 주관적일 수 있어 누구에게 물어보는가에 따라 평가가 달라질 수 있다. 그래서 평판은 가능하면 다양한 측면에서 알아보려 노력한다.

하지만 재미있는 것은 아주 다양하게 검증을 해도 결국 그 인물에 대한 평가는 대개 모아진다는 점이다. 즉 긍정적으로 표현하건 부정적으로 표현하건 그 인물에 대한 평가가 한 목소리로 나온다는 점이다. 정말 평소에 잘 하고 살아야겠다는 생각이 절로 나는 순간이었다.

인사수석실에서 관장하는 인사는 주로 대통령이 임명권자로 되어있는 자리들이었다. 그리고 각 부처의 인사는 장관에게 일임해 정무직인 1급의 경우 추후에 보고하는 정도의 관여만 있었다. 사실 장관에게 인사권을 주지 않으면 그 부서에서 장관의 영이 서기 매우 어렵다. 그런 점에서 참여정부 시절에 책임총리제를 실천해 보았지만 장관 인사권도 많은 부분 보장되었다 할 수 있다.

이처럼 각 부처의 인사를 관장하다 보니 인사수석실에는 어느 수석실보다도 각 부처에서 파견된 공무원들이 많았다. 보통 시민사회수석실 등 다른 수석실에는 별정직들이 많아 자유로운 분위기였지만 인사수석실은 정부 부처에서 파견 나온 일반공무원들이 많아 진짜 공무원 사회 같은 분위기였다.

내가 있던 균형인사비서관실은 정작 출근해 보니 행정관 중에도 여성 공무원은 한 명도 없었다. 즉 인사수석실 내에 비서관, 행정관 모두 합쳐서 균형인사비서관만 여성이었다. 이 불균형을 깨고자 가장 먼저 시도한 것이 우리 비서관실만이라도 여성 행정관을 데려오는 것이었다. 행정관들은 3, 4급이 대부분이어서 주로 과장급들이 파견 오는 경우가 많았다.

우선 행정관 공석이 난 후 몇몇 관련 부서에 여성 행정관을 선발한다는 공개모집 공고를 냈다. 지금도 마찬가지이지만 청와대는 공무원들에겐 한 번쯤 가서 근무해 보고 싶은 곳이다. 자기 부처를 대변해서 오기도 하지만 각 정책이나 메시지들이 오고가는 컨트롤타워이기 때문에 전체를 조망할 수 있고 청와대를 왔다 가면 승진도 빠르다는 속설들이 있기 때문이다. 그래서 부처의 요직을 담당하고 있는 남성 공무원들에게 대부분 기회가 갔던 것도 사실이다.

보통 행정관을 데려올 때 부처를 정하고 부처의 추천을 받아 데려오는 것이 관행이지만 공개모집을 통해 과정을 투명하게 하고 누구든지 응모할 수 있는 기회를 주려 했다. 또 여러 사람들을 보고 같이 일할 사람을 내가 선발한다는 것에 의미를 두기도 했다.

공모에 응한 사람들을 추려 5명 정도를 면접을 했다. 면접에는 나뿐만 아니라 인사관리비서관 등 몇 명이 들어왔고 그야말로 공정한 심사를 거쳐 복지부의 여성 공무원이 선발되었다. 그때까지 민간에서 들어온 여성 행정관들이 있었고 사회정책비서관실에서 여성정책을 담당하기 위해 여가부에서 파견한 여성 과장이 있었지만 인사수석실에 여성 공무원은 처음인 셈이었다. 나로서는 내가 선발한 직원이었기에 더욱 애착이 갔다. 그 친구는 아주 능력있는 여성 공무원으로 지금도 정부 부처에서 열심히 일하고 있다.

대통령과의 만남

1년여의 근무기간 동안 대통령을 가까운 거리에서 만날 일은 그다지 많지 않았다. 물론 매주 있던 회의나 행사 등에서 한 주에서도 몇 번씩 만나지만 개인적 대화를 나눌 일은 많지 않았단 이야기이다. 하지만 노무현 대통령의 성품을 알 수 있는 기회는 꽤 있었다.

청와대 들어가고 얼마 안되어 대통령 부부가 공관으로 점심초대를 한 적이 있었다. 기억에 공관 들어가서 초입에 있던 식당이었고 참석한 사람들은 비슷한 시기에 청와대에 들어간 비서관 7~8명이었다. 대통령 생각에 잘 모르는 사람들도 있으니 얼굴도 보고 이야기도 나누어 보자는 생각이었으리라. 지금 기억에도 대화는 정말로 자유로웠고 예정된 시간을 훌쩍 넘겨 진행되었던 것 같다.

특히 그 당시 FTA로 한창 시끄러웠던 시기여서 그 이야기들이 많이 나왔었다. 각자 나름대로 찬반 의견을 이야기하고 있었는데, 대통령이 "여기 있는 사람들 모두 FTA 반대하지요, 나 다 알고 있어요"라며 자기 고민을 이야기했다. 사실 나도 FTA에 대해 찬성하지 않는 입장이어서 깜짝 놀라기도 했지만 자신과 생각이 다른 것에 대해서는 전혀 개의치 않고 모든 의견을 받아주는 모습을 볼 수 있었다.

보통 책임자의 자리에 앉아 있다 보면 자신의 생각과 다른 조직원에 대해 용납하지 못하는 경우가 많다. 대화를 좋아하고 토론으로 모든 것을 결정하자 하지만 정작 자신이 모든 고민을 거쳐 제안하거나 결정한 일에 대해 주변 사람들이 반대하고 나오면 마냥 섭섭하거나 분노하기 쉽다. 내가 얼마나 고생하면서 일하고 생각해서 결정한 것인데 너희들이 나만큼 아는가 하는 생각이 들어갈 수 있기 때문이다.

그런데 노무현 대통령의 경우에는 정말 권위적인 태도는 없는 지도자였다. 아무리 아랫사람 이야기라도 귀기울여 들어주고, 때로는 자신의 생각에 반대하는 이야기를 즐기는 모습이었다. 즉 논쟁이 심한 토론을 즐기는 지도자였다.

그런 성품이 주변 사람들을 믿고 따르게 하는 기본 소양이었을 것이라 생각된다. 내가 겪어본 상사 중에서 아마도 가장 소탈한 상사가 아니었나 싶다.

교육부총리 후보를 찾습니다

출근해서 가장 먼저 부딪힌 사건은 김병준 교육부총리 표절 건이었다. 이미 내가 들어가기 전에 청문회를 통과해서 교육부총리 임명을 받았는데 논문 표절 건이 터진 터였다. 그때까지 이름도 생소한 '자기표절'이라는 용어가 등장하는 순간이었다. 표절이라면 남의 글을 베끼는 것을 이야기하지만 자기표절은 자신이 이미 전에 써 놓았던 다른 책이나 논문에서 내용을 중복해서 쓰는 것을 이야기한다. 물론 이도 문제가 되는 일이지만 연구자들의 표절이 관행처럼 이루어지고 있던 한국의 현실에서 자기표절을 문제삼아 이미 임명까지 된 교육부총리를 끌어내리려는 그 당시 야당과 기득권 언론의 행태는 정말 무시무시한 일이었다. 지금 별별 도덕적인 문제들을 안고도 그대로 임명되는 국무위원들을 보면 정말 그 당시는 검증이 서슬 퍼런 시절이었다 할 수 있다.

어쨌든 그 와중에 김병준 부총리는 견디지 못하고 사임하고 정국은 다시 혼란에 빠졌다.

따라서 균형인사비서관으로 내가 처음 맡은 임무는 교육부총리 후보를 찾아내는 일이었다. 김병준 부총리에게 미운털이 박혔던 이유는 대통령과 가까운 인물이라는 이유였기 때문에 대통령과 가깝지 않으면서도 그 당시 참여정부의 교육정책을 추진시켜 나갈 수 있는 중도적 인사, 즉 보수에서도 받아들일 수 있는 교육전문가 정도가 그 기준이었다. 물론 국가인재DB를 뒤지고 주변에서 추천을 받으면서 모든 가능한 인사들을 정리해 나갔다. 우선 10명 정도씩 추려서 후보 자들이 쓴 책이나 논문을 보면서 교육관을 체크해 나가는 일을 하였다. 그때 교육과 관련한 논문이나 책들을 많이 읽을 수 있었다.

그 과정에 약식검증에서 도덕적 문제가 있는 사람들은 자연스럽게 제외되었고 본인이 고사하는 이들도 있었다. 특히 여성 후보들 같은 경우엔 공직을 맡지 않겠다 하는 분들이 있어 후보되기를 번번이 고사하는 분도 있었다. 이러다 보니 여성들의 균형적 인사를 위해 일을 하는 나로서는 곤란한 처지였다. 여성들은 왜 배제하느냐 하면서 항의를 하는 입장인데 여성들이 정작 후보로 추천되면 고사하는 경우가 많기 때문이다. 즉 쓸만한 여성들은 안 하겠다 하고 깜냥이 안되는 사람들은 하겠다고 덤비는 그림이 가끔 그려지기 때문이다.

결국 30명 정도가 추천되었고 검증되면서 점차 후보들이 축약되었다. 그중에는 몇몇 분이 추천한 인사로 김신일 당시 서울대 교육학과 명예교수 등이 있었고 김 교수를 포함한 세 명이 인사추천위에 올려졌다. 인사추천위원회에선 여러 가지를 고려하여 김신일 명예교수를 1순위로 하여 추천 명단을 마련하고 대통령에게 인사수석이 보고를 하였다.

　김신일 교수는 사실 참여정부에선 전혀 알려지지 않은 인물이었다. 40년 넘게 학계에만 몸담았고 교육학계 원로인사였으며 보수와 진보 인사들에게 두루두루 알려진 인물이었다. 중도적 인물이었기 때문에 우선은 김 명예교수의 교육에 대한 생각을 알아보는 게 우선이었다. 다양한 통로를 통해 평판을 조사했고 김 교수의 저서를 탐독하였다. 논문과 저서를 통해 김 교수의 교육에 대한 비전이 참여정부의 교육정책과 그리 다르지 않다는 것을 확인할 수 있었다.

　민정수석실에서의 검증은 사실 더욱 복잡했다. 그때까지는 검증 기준에 없었던 논문 자기표절이라는 항목이 들어가고 대부분 학계에 있는 사람들이 많았기 때문에 배수에 올라온 후보들의 논문을 검증하는 작업이 어느 때보다도 힘든 경우였다.

　마지막으로 내정된 후보는 김신일 후보였다. 그런데 이 후보는 정말로 대통령과 일면식도 없는 인사였다. 인사수석에게서 추천 보고를 받은 대통령은 일단 한 번 만나 보자고 제안하였다. 이를테면 면접이었다. 교육부총리이니 정부 서열상으로도 매우 높은 자리여서 대통령이 알지도 못하는 사람을 임명했다고 하면 아무도 믿지 않을 사실이었다. 나도 밖에 있었다면 '설마…' 했을 터이다. 그러나 내가 그 진행과정 속에 들어가 있었으니 믿지 않을 수가 없었다.

　결국 대통령과 교육부총리로 내정된 김신일 후보는 인사수석이 배석한 가운데 한 시간 반 동안 청와대에서 만나 만찬을 하면서 서로의 교육관을 피력하며 대화했다. 즉 대통령의 면접인 셈이었다. 김 후보는 두루두루 신망받는, 이를테면 중도인사였다. 여야를 가리지 않고 신임을 얻고 있었으며 평생교육의 대가였다. 또 참여정부의 교육정책인 3불정책, 즉 본고사 부활 불가, 고교등급제 불가, 기여입학제 불가에도 찬성하는 인사였다.

장시간의 대화를 통해 두 지도자는 총론에선 교육관을 같이 한다는 것을 확인하였다. 물론 세부적인 지론에선 뜻이 다른 점도 있었다. 즉 정부가 부정적으로 생각하는 자립형사립고나 특목고를 평준화 보완제도로 접근해야 한다는 점을 피력하기도 했다.[1]

결과적으로 김 부총리의 인선은 성공적이었다. 김신일 교육부총리 내정자에 대한 평가는 언론에서도 긍정적이었고 청문회에서도 큰 탈 없이 인사청문 경과보고서를 채택하여 임명할 수 있었다. 김 부총리는 임기말까지 교육부총리 역할을 성공적으로 완수하였으며 통합적인 교육정책을 펼치기 위해 많은 노력을 하였다.

---

1) 『대통령의 인사』 (박남춘 지음, 책보세 펴냄, 2013년 5월) 255면 참조.

평판의 중요성, 후보가 될 수 없는 이유들

그 이후에도 계속 인권위원장 후보 추천 작업, 각 산하기관의 후보 추천 작업이 이어졌다. 이러한 추천에서 후보들을 찾아내는 일도 중요하지만 검증 또한 지난한 작업이었다. 구체적인 검증은 민정수석실에서 맡지만 일반적인 후보에 대한 평가는 인사수석실에서 맡았다. 즉 추천을 받아 대강의 리스트를 만들어 놓으면 그 후보의 글이나 저작들을 통해 정책방향을 짐작하거나 주변 사람들의 평가를 통해 사람됨을 평가하는 작업이다. 특히 주변인들을 통한 평가, 즉 평판 작업은 지극히 주관적일 수 있기 때문에 매우 조심스럽고 결정적일 수도 없다. 하지만 재미있는 것은 앞서도 언급했듯이, 주변의 많은 사람들의 이야기를 들어보면 결국은 비슷한 평가에 도달한다는 점이다.

민정의 공직기강비서관실의 검증은 주로 병역, 전과전력 및 징계사항 즉 뇌물이나 음주운전 경력 등, 부동산투기 및 편법증여, 세금이나 공과금 납부내역, 위장전입, 성희롱 사건 등의 도덕성 관련 항목, 그 외에 상황검증 등이다. 참여정부에서 가장 민감한 검증 메뉴는 병역이었다. 대통령선거에서 이회창 후보가 아들의 병역문제로 구설에 시달렸기 때문에 참여정부 내에서도 병역은 아주 민감한 검증사항이었다.

이처럼 검증을 맡은 민정수석실과 추천을 맡은 인사수석실은 미묘한 갈등관계에 놓이기도 한다. 일껏 인사에서 찾아낸 후보자가 이러저러한 검증에 걸려 아웃될 때의 허망함이란. 그러니 인사 쪽에선 추천한 후보 편을 들 수 밖엔 없고 민정은 자신들의 검증대로 야박하게 나갈 수 밖엔 없는 탓이다.

검증에서 가장 많이 걸리는 것은 재산형성과정의 문제, 병역문제 등 도덕성의 문제가 많지만 뜻밖에도 음주운전 또한 중대한 사유였다. 세 번 음주운전 경력이 있으면 고위직 인사에서 원천적으로 배제되었는데 의외로 음주운전 경력 때문에 낙마하는 경우도 꽤 있었다. 그래서 음주운전을 줄이는 데 기여했다는 이야기도 있다.

그 외에 생각보다 많았던 것이 농지문제였다. 무심코 친구들과 시골에 땅을 사 두었는데 그것이 농지였다는 이야기. 즉 본인이 농사를 짓지 않는다면 위장경작이다. 이런 경우 본인들은 억울해 하지만 공직은 도덕성을 가장 기본으로 해야 하기 때문에 참여정부에서의 검증은 정말 칼날 같았다 할 수 있다.

이처럼 검증이 칼날 같을 수밖에 없었던 이유를 난 언론에 두고 싶다. 어찌나 보수언론에서 인사를 가지고 공격을 해대는지 조금이라도 검증에 문제가 있는 인사는 언론의 집중포격을 받기 일쑤였다. 문제가 없어도 코드인사니, 회전문인사이니 하면서 끝없는 공격이 이어졌기 때문에 내부검증이 철저할 수 밖에 없었다. 어떤 후보는 제발 자기를 후보에서 제외시켜 달라하는 경우도 있었다. 참여정부를 그렇게도 공격했던 보수언론은 자신들도 모르는 사이에 참여정부를 투명하게 하는 데 일조하고 있었던 셈이다.

요즘 인사가 점점 혼탁해지고 청문회도 제 구실을 잃어가는 것을 보면 역시 언론들이 제 역할을 못하기 때문이 아닌가 싶은 생각도 든다.

도대체 어떤 여성들을 원하세요

균형인사비서관의 업무는 여성, 장애인, 이공계 출신, 지역출신들이 공직 임용에 소외당하지 않도록 적절한 후보들은 데이터베이스화하고 적절한 자리에 추천하고 또 임용하도록 압박하는 일이다. 이 중에서도 가장 숫자는 많지만 힘의 균형에서는 소수에 있는 여성들을 챙기는 일은 우리 비서관실의 주요 업무였다.

한국사회에서 여성의 사회진출, 여성의 권한 확대는 해방 이후 여성들의 오래된 주장이었으나 이러한 주장들이 일반화되면서 고려의 대상이 된 것은 90년대 이후 즉 민주화 이후부터라 할 수 있다. 여성 권한과 관련된 많은 제도들이 90년대 2000년대에 법제정이나 개정을 통해 이루어졌으나 가장 침체되어 있는 부문이 다양한 고위 공직 등에 진출하는 여성들이 얼마나 되나 하는 여성의 대표성 비율이라 할 수 있다. 정치권은 그나마 할당제 등을 통해 여성의원들이 조금씩 늘어나기 시작했으나 공무원직에 있어서 고위직에 여성들의 임용은 매우 더디게 진행되었다.

김대중정부부터 우선 정부 위원회에 여성들을 30% 이상 구성하도록 하는 조항이 마련되었고 이는 참여정부에 들어와서 40%에 육박하도록 성과를 달성하였다. 그러나 여전히 상근직에 여성을 임용하는 것은 어려운 일이었다. 여성을 임용해야 한다고 할 때 가장 먼저 나오는 말은 쓸만한 여성이 없다는 이야기이다. 이는 꼭 공직뿐만 아니라 우리 사회의 모든 영역에서 아직도 통용되는 이야기이다.

사실 남성들의 인력풀은 차고 넘치기 때문에 자연스럽게 사람을 뽑다 보면 여성들이 그 자리까지 도달하기는 너무 어렵다. 그동안의 불균형적인 인사를 통해 여성들은 대부분 경력을 쌓기도 어려웠고 인력풀에 들어가는 것조차 어렵기 때문이다.

그래서 균형인사비서관실의 주요 업무 중의 하나는 인사추천에서 소외되기 쉬운 그룹들의 인력풀을 항상 점검하고 리스트업 해놓는 일이었다. 여성 또한 마찬가지여서 여성인재DB를 매일 점검하고 학계, 언론계, 법조계, 시민사회 등에 포진되어 있는 인력들을 만나고 소통하여 이 리스트를 채워놓는 작업이 끊임없이 계속되었다.

그리고 무엇보다 중요한 것은 여성인력들을 임용하게 하는 제도적 장치들이었다. 이미 공무원 임용시 여성이 30%가 되도록 하는 양성평등목표제나 4급과 5급 공무원에 10% 이상의 여성들을 임용하게 목표제들이 도입되어 있었고 그 목표를 채워나가는 과정이었다.

그당시 벌써 각 급 공무원 임용시험에서 여성들이 차지하는 비율이 30%를 넘어섰기 때문에 양성평등목표제는 오히려 교원 시험 등 남성들이 지원하지 않는 영역에서 남성 합격자들에게 유리하게 작용하는 효과를 낳기도 했다. 그러나 여성공무원의 승진 등은 경로가 있기 때문에 아무리 제도가 있거나 정책결정자가 의지를 갖고 있다 하더라도 단시간에 이루어지기는 어렵다. 때문에 그 제도들은 그 이후 계속해서 공직에서 여성들이 진출하는 데 도움을 주어왔고 현재 4급 이상 여성공무원이 10%를 넘어서게 되어 그 목표를 채웠다 할 수 있다.

공개적인 시험으로 임용되는 공무원직보다 정부산하 공공기관에 여성임용은 사실 더 어려운 상황이었다. 공공기관의 직원에는 여성들이 많았지만 간부직에 여성임용은 가뭄에 콩나기였다. 그래서 그 당시 공공기관의 인사를 투명하게 하기 위해 마련했던 작업은 공공기관 운영위원회를 구성할 때 여성위원을 30% 이상 추천하는 것을 권고조항으로 삽입한 것이다.

물론 주관부서인 기획예산처에서는 적극 반대였다. 나중에 여성위원을 찾지 못해 사문화하고 말 것이라는 의견들이었다. 그러나 일단 실시해보자고 여성부와 함께 힘을 모아 기획예산처와 밀고당기기를 반복한 후 그 조항이 들어가게 되었다. 물론 여성쪽에서 주장한 것은 의무조항이었으나 권고조항으로 만족할 수 밖에 없었다.

여성운영위원 수를 늘리는 것은 공공기관의 인사 등 운영에서 여성들이 소외되지 않도록 하기 위함이지만 또 한편으로는 이들 자체가 나중에 공공기관의 임원직으로 갈 수 있는 인력풀이 되기 때문에 매우 중요한 일이다.

여성인재에 관해서는 정말 여러 가지 시선들이 있다. 부처 장관 임용수요가 있어 여성 후보리스트를 만들 때였다. 한 후보는 카리스마 있고 대장부같은 여성이었다. 그랬더니 남성들이 대부분인 회의에서 '성격이 너무 독선적이지 않냐'는 비판적인 의견들이 있었다. 또 다른 후보는 매우 유연한 인품이었다. 부드럽고 온화하고… 그러니 또 '너무 카리스마가 약해서 리더십이 부족하다'는 평가가 나왔다.

기가 막힐 노릇이었다. 여성들은 성격이 좀 강하면 독선적이라 안된다 하고, 부드러우면 너무 약해서 안된다 하니 여성은 어떤 캐릭터를 가져야 하냐는 탄식이 절로 흘러나올 일이었다.

이처럼 여성 인재에 대해서는 남성들보다 훨씬 엄격한 잣대가 기다리고 있다. 모델이 될 만한 여성 지도자가 많지 않기 때문에 기준은 보는 사람들에 따라 달라지고 기대도 엄청 높게 설정된다. 거기다 더 힘든 점은 여성들은 한 사람이 잘못해도 전체 여성이 함께 욕을 먹는다는 점이다. 남성들은 한 개인이 잘못하면 그 사람의 잘못으로 끝나지, '남자들이…' 라는 말이 따라 오지는 않는다. 그러나 여성들은 그 사람이 누구이든 잘못하면 우선 따라오는 말은 '여자들이…' 라는 여성 전체에 대한 비난이 곧바로 나온다. 이는 사회활동을 하는 여성들이 소수이며 따라서 전체 여성을 대변한다는 긍정적인 해석도 가능하지만 어쨌든 여성들에게는 힘든 일이 아닐 수 없다.

추천인가 청탁인가

인사수석실의 일이 사람을 적절한 자리에 추천하는 일이기 때문에 DB를 잘 관리해서 어떤 자리에 어떤 사람이 적절한가를 고민하는 일 뿐만 아니라 평소에 여러 인사들을 찾아다니고 추천받는 일도 중요하다. 하지만 이 추천은 때에 따라서는 청탁이 될 수도 있다.

자리가 자리이니만큼 한 번 보자는 사람들이 많았다. 공모가 있을 때 자신을 어필하기 위해서 또는 누구를 부탁하기 위해서 전화를 하거나 보자는 사람들이었다. 대강 이야기를 들어 명백한 청탁일 경우는 매몰차게 거절을 하기도 하지만 사실 사람들을 만나보는 것 또한 이 일의 중요영역이기 때문에 무조건 거절만 하지 못하는 어려움도 있었다.

그래서 원칙을 정해놓은 것이 본인 추천이건 지인 추천이건 추천을 하려는 사람들과 만날 때 가능하면 밥 먹지 말고 사무실에서 만나기였다. 하지만 청와대에 들어오는 것을 싫어하는 사람들도 많았기 때문에 불가피하게 밖에서 만날 때에는 찻값이나 밥값을 내가 내는 것이었다. 즉 얻어먹으면 청탁, 내가 사주면 추천이라는 기준을 마련해 놓고 빨리 나가서 돈 내는 신공을 발휘하였다. 사실 뭔가 부탁하러 와서 밥을 얻어먹고 가는 것은 당사자에겐 매우 당황스러운 일이다.

물론 이 원칙을 언제나 지키지는 못했지만 적어도 부정한 청탁은 받지 않는다는 원칙은 고수하려 노력했다. 또 다행인지 나에게 그런 무리한 청탁을 하는 사람들도 거의 없었다. 이는 시민사회 출신들에겐 이런 것이 잘 통하지 않으리라는 선입견도 작용했을 터였다. 만약 누가 나에게 인사와 관련해 무리한 압박을 가하면 그만 둬야지라는 마음속 사표 또한 무사히 직을 마치는 데 큰 힘이 되었다.

인사에 있어 추천과 청탁의 차이는 누구나 고민하는 문제이고 인사에 대한 책에는 반드시 거론되는 항목이다. 그만큼 고민도 많고 많이 부딪히는 사안이란 이야기이다. 본인은 추천했다고 해도 각자 가지고 있는 직급에 따라 청탁이나 압력으로 느껴질 수 있기 때문이다.

사전적 정리에 의하면 추천은 직위에 적합하다고 생각되는 인사를 인사권자에게 자신의 이름을 걸고 소개하는 것이고, 청탁은 직위와 무관하게 자신과 이해관계에 있는 특정인을 능력에 관계없이 비공식절차나 연줄을 통해 압력을 행사하는 것이라고 규정된다. 말로야 명확하지만 현실에서 그 한계는 모호해질 수 있는 경우도 많다.

인사의 교과서 인재DB

참여정부 시절 대통령이 실질적인 인사권을 행사한 직위는 행정부 장차관 등 정무직 142개, 공공기관 임원 149개, 대법원장 및 대법관 13개, 헌법재판소 재판관 3개 직위, 중앙선관위 위원 3개 직위 등 300개 정도였다.

이처럼 수많은 자리에 후보 추천할 때 가장 유용하게 쓰이는 것이 국가인재DB였다. 대략 12만 명 정도의 인재가 등재된 국가 DB는 인재를 찾아야 하는 인사수석실 비서관과 행정관들에겐 거의 매일 들여다 보는 교과서나 마찬가지였다. 공직자들 뿐만 아니라 민간인들이 40% 이상 포함되어 있었고 학력 경력 뿐만 아니라 업무 실적과 역량에 대한 평가, 저술 등까지 들어 있어 1차로 인재를 알아내거나 평가하거나 초벌 리스트를 만들 때 매우 유용하였다.

여성 인재들도 장차관급, 집중관리대상, 차세대지도자 등으로 구분되어 정리되어 있어 매우 유용하였다. 특히 장차관 등 정무직은 언제 인사수요가 발생할지 알 수 없기 때문에 항상 예비후보들을 정리해 놓아야 했다. 물론 이 국가인재DB 뿐만 아니라 한국여성개발원, 정부산하 연구소, 여성신문사 등이 가지고 있는 DB도 주요 참고 대상이었다.

청와대에는 오는 공무원들

청와대에 근무하는 사람들은 대부분 일반직과 별정직으로 나뉘어진다. 일반직은 다양한 부처에 근무하던 공무원들이 청와대로 파견 나오는 것이고 별정직은 일반인들이 청와대에 비서관이나 행정관으로 한시적으로 일하러 들어오는 경우이다. 그 당시에는 정부미냐 일반미냐는 농담도 하였고 요즘은 늘공(늘 공무원)과 어공(어쩌다 공무원)으로 나누어 부르기도 한다.

별정직들은 선거 캠프에 있던 대통령의 참모들이 따라오는 경우도 있고 그 직에 맞는 전문가들이 등용되기도 한다.

청와대에는 일반 부처에서 파견나온 공무원들이 있고 일반인들이 별정직으로 비서관직이나 행정관을 맡고 있었다. 청와대는 상급 부서여서 평균 직급이 꽤 높은 편이었다. 비서관은 1급이나 2급이었고 행정관들은 대부분 3급이나 4급이어서 일반 행정부서에서는 모두 간부직들이었다. 즉 일반인으로서는 만나보기도 어려운 고위공무원들이 모여 있는 곳이다.

특히 비서관실에 따라 현역 군인이나 경찰에서 파견나오는 사람들도 있는데 군인으로 하면 대령급, 경찰은 서장급들이 왔다. 군대에서의 대령은 일선에 가면 수천의 사병을 거느린 연대장을 하는 직급이며 경찰서의 서장은 평소엔 우리들은 잘 만나지도 못하는 어마어마한 인물들이다. 그러나 이런 양반들이 청와대에 오면 실무를 담당해야 하는 행정관이 된다. 보통 비서관실에는 주로 행정관들과 잡무를 하는 기능직이 있기 때문에 행정관들은 대부분 실무를 맡는다. 서류 만드는 일부터 복사, 커피까지 모두 자신의 손으로 해야 한다.

재미있는 에피소드 중에는 우리 서장님 청와대 가셨다고 그 경찰서의 직원들이 놀러왔는데 그 서장님이 복사하고 있어서 놀랐다는 이야기도 있다.

코드인사, 진짜 나쁜가요

참여정부 시기 동안 가장 비판받았던 것이 소위 코드인사였다. 즉 대통령이 코드 즉 정치적 성향이 같은 사람들만 데려다 쓴다는 비판이었다. 장관 임명이나 산하 기관장 임명시마다 꼬리표처럼 따라붙는 것이 코드인사였으며 마치 천고의 대역죄나 되는 것처럼 야당은 물론 언론에서도 몰아 부쳤다.

아침에 출근해서 가장 먼저 보는 것이 신문스크랩이다. 조간신문 중 관련기사를 스크랩한 것들을 보고 그중 대책을 마련하는 것이 청와대의 아침 풍경이다. 따라서 이 모든 것이 출근 전에 이루어져야 하기 때문에 청와대의 아침은 7시 이전에 시작되고 아침부터 분주하다. 신문스크랩을 본 후에 조간신문들을 훑기 시작하는데 그야말로 제목만 봐도 우울할 지경이었다. 대부분의 신문들이 참여정부의 인사를 비판하거나 그 전날 대통령의 말을 비난하는 것으로 제목을 뽑고 대서특필했기 때문이다.

그중에서도 인사가 나올 때마다 코드인사라는 비판이 끊이지 않았는데 나로서는 참 이해가 가지 않는 일이었다. 한 정부에서 사람을 뽑을 때 어찌 그 성향을 보지 않겠는가? 장관이나 공공기관 대표들은 대통령과 함께 국정을 책임지고 이끌어 나가야 하는 사람들이다. 따라서 대통령과 넓은 범주에서 같은 생각을 하지 않으면 그 일을 끌어나가기가 쉽지 않다.

참여정부의 교육기조 중의 하나는 기여입학제를 허가하지 않는다는 것이었는데 교육부총리가 기여입학제 찬성론자라면 어떻게 일을 맡길 수 있겠는가. 이런 점에서 코드인사는 대통령 인사에서 고려해야 할 요소라 할 수 있다. 그래서 220볼트 코드에 110볼트 코드를 꼽으면 합선이 일어나서 전기기구를 제대로 작동하지 못한다는 비유까지 나왔다.

물론 모든 인사를 코드인사로 하면 안된다. 전문성을 가진 사람들이 들어가야 하는 곳은 그 전문성을 먼저 고려해서 인사를 해야 한다. 그런데 이를 정말 정치적, 정책적 공감대를 형성해야 하는 자리에까지 확대시켜 해석하는 것은 그저 비판을 위한 비판일 수 밖엔 없는 것이다.

미국처럼 대통령이 바뀌면 같이 일하는 사람들도 바뀌는 엽관제

인사시스템을 도입해야 한다는 것이 내 생각이다. 현재는 장차관 외에는 대부분 임기가 있어 대통령이 바뀌어도 바꾸지 못하는 자리로 되어 있다 보니 뒤에서 압력을 넣어 자리를 그만두게 하고 심지어는 대통령에 따라 그만두지 않아도 되는 전문직까지 압력을 넣어 사퇴를 종용하는 불법이 판친다.

장차관 뿐만 아니라 공공기관 대표 등 대통령과 의지를 함께해 국정을 이끌어 가야 하는 자리는 대통령과 함께 진퇴를 결정하도록 자리를 설계하고 나머지 자리에 대해서는 임기를 보장하는 방안을 강구해야 한다. 이러한 인사체계가 투명하게 운영되지 못하면 결국 인사에서 불법이 판치고 정권이 바뀌면 모두 눈치를 보고 어떻게 해야 할지를 고민하게 되고 결국 국정이 제대로 돌아가지 못하게 된다.

따라서 코드인사의 원칙은 가지고 있으되 그것이 적용되는 자리들을 제한해서 운영하는 것이 가장 합리적인 인사의 방법이 아닐까 싶다.

해외언론비서관실은
무슨 일을 하나요?

선미라

해외언론비서관실은
무슨 일을 하나요?

선미라 _ 참여정부 해외언론비서관

들어가는 말

출근 첫날부터 끝날까지 2년 동안, 그리고 청와대를 떠난 후에도 가장 많이 받은 질문이 "무슨 일을 하시나요?" 였고 그 다음은 "그런 부서도 있나요?" 였을 정도로 해외언론비서관실은 청와대에서 누구도 주목하지 않고 인원도 적은 부서였다. 청와대 동료들조차도 매일 드나드는 건물 출입구 바로 옆에 우리 실이 있는 걸 몰랐다가 일이 있어 들러 보고서야 "이런 데 사무실이 있었네"라는 반응을 보일 정도였으니 청와대 안에서도 잘 모르는 우리 실 업무를 청와대 밖에 있는 이들이 모르는 것은 당연한 일일 것이다. 어쩌면 대통령비서실 역사상 처음으로 공개 모집하는 비서관이라는 영광이 우리 실에 돌아온 것도 가장 눈에 띄지 않아서가 아닌가 싶었다.

먼저 궁금해할 분들을 위해 정답을 알려드리자면 해외언론비서관실은 '홍보수석실에서 하는 일 전부 플러스 알파'를 하는 곳이다. 홍보수석실 산하 대변인실, 홍보기획비서관실, 국내언론비서관실, 국정홍보비서관실, 보도지원비서관실까지 다섯 군데 비서관실에서 하는 모든 일에 앞에 '해외' 또는 '외신'을 붙이고 외국어로 하면 우리 실 일이니까 외신 브리핑, 해외 홍보기획, 외신 홍보, 해외 국정홍보, 해외 보도지원 등이 되는 셈이다.

참여정부 첫 해에는 외신 대상 브리핑과 문의 대응, 영문 보도자료 작성 등 보도지원, 외신 분석, 대통령 외신회견 기획 업무를 맡은 외신대변인(Foreign Press Spokesperson)실과 대통령의 정책과 국정 현안에 대한 해외홍보 기획 및 조정, 청와대 영문 홈페이지 기획과 운영, 대통령의 외국어 메시지 관리, 해외홍보용 대통령 이미지 및 정책자료 제작 기획을 맡은 해외언론비서관(Secretary for Overseas Communications)실을 따로 두었으나 1년만에 '업무 중복'을 이유로 통합했다고 한다. 하지만 2년 동안 일해 보니 대변인실과 국정홍보비서관실 업무가 밀접하게 연관되어 있어도 다르듯이 우리 실의 두 분야도 중복되지는 않아서 조금은 억울했지만 그래도 어쩌겠는가.

이미 통합되고도 1년이 넘었으니 때를 잘못(?) 만난 나의 불행과 평생 일복이 따라다닌다는 내 사주를 탓할 밖에. 다만 일이 많이 힘들거나 업무상 밤샘을 할 때마다 나중에 두 비서관실의 통합을 처음 제안한 사람을 찾아서 친절한 금자씨는 아니지만, 소심한 복수를 하겠다고 벼르곤 했다.

어쨌거나 세계는 넓고 외신은 한없이 많아서 항상 넘쳐 나는 업무를 1+1으로 처리했으니 가성비는 괜찮은 비서관이던 셈이다. 게다가 해외순방 행사 중에는 김현 보도지원비서관을 빼고는 유일한 여성 비서관이라는 프리미엄 덕분에 틈틈이 여사님 공식 행사도 수행하는 1+2 비서관이었으니 청와대 전체를 통틀어 가성비는 최상위권이 아니었을까 싶다. 다만 문제는 1+1이 업무 강도가 세서 정설에 따르면 한 명 분의 일만 해도 정년이 2년(1년 반이라는 설도 강력했지만)인 청와대 비서관이라는 점이었다.

사실 멀쩡하던 치아를 몇 개나 임플란트로 바꿨다거나 일하다 쓰러져 병원에 실려갔다던가 하는 비서실 괴담을 들으면서도 법조계에서 가끔 있는 일이라 나는 나름 단련이 되어 괜찮을 거라고 내심 자신했었다. 그런 자신감이 얼마나 터무니 없는지, 그리고 아무리 열심히 해도 1+1은커녕 외신대변인 역할 하나도 제대로 하기가 만만치 않다는 것을 깨닫기까지는 한 달도 채 걸리지 않았다.

우선 업무를 시작하고서야 알고 보니 청와대가 발표한 해외언론 비서관 채용 자격 우대기준이 '교양 있는 원어민(Native Speaker) 수준의 의사소통 능력과 복잡 미묘한 정책을 외신을 대상으로 브리핑할 수 있는 영어 능통자'였다. 고등학교를 마칠 때까지 한국을 떠나본 적이 없고 대학에 들어가서야 영어회화라는 걸 처음 해본 나에게 '원어민' 그것도 '교양 있는 원어민' 수준의 영어 구사라니, 게다가 6년간의 외국 생활을 접고 귀국한 지 두 달 밖에 안 되었는데 '복잡 미묘한 정책'을 완벽하게 파악해 외신에 브리핑해야 한다니 앞길이 막막했다. 그나마 다행인 점은 미국 공공외교(Public Diplomacy) 담당 부처인 USIA 산하의 주한 미국공보원에서 (미국) 공무원으로 일한 덕분에 국가홍보가 아주 낯설지는 않고 청와대가 밝힌 또 다른 자격 기준인 '언론, 홍보대행 등 관련 분야의 공무원이거나 민간경력 또는 연구경력'은 겨우 맞춘 것이었다.

출근 2주만에 떠난 첫 해외순방까지 우주의 도움, 정확히는 대변인실과 보도지원비서관실의 위기관리 덕분에 큰 사고 없이 마치고 한 달이 지난 후에 내 결론은, 선택과 집중이 필요하다는 것이었다. 불가능한 '모든 일 잘 하기' 대신 '복잡 미묘한 정책의 영어 브리핑'에 집중해 'A'는 못 되어도 'B' 정도의 성적이라고 내보기로 한 것이다. 대통령의 (영문) 메시지 관리와 외신 브리핑 활성화를 가장 중요하고 시급한 목표로 정한 이유는 대통령의 국정 철학과 정책을 전달하는 대변인의 역할은 외신이라고 다르지 않고 당시 국내 언론과 청와대의 갈등이 커지고 있어 외신들에 대한 취재와 홍보 서비스를 강화해 갈등과 왜곡보도 논란을 줄일 수 있었으면 하는 바램 때문이었다.

하지만 2년의 선택과 집중 노력에도 불구하고 비서관으로서의 성적에 대해서는 자신이 없다. 대통령의 국정 철학과 '복잡 미묘한 정책'이 겨우 2년 정도의 공부로 이해할 수준이 아니었고 원어민 수준의 영어야 처음부터 달성 불가능한 목표였으니 일차적으로는 내 능력 부족 탓이었고 대변인의 생명인 신속하고 정확한 정보 파악이 어려웠던 점이 이차적인 원인이었다.

당시에는 정보를 공유하지 않는 청와대 동료들과 정부 부처를 탓했는데 지나고 보니 그것도 결국은 내 업무역량이 부족한 탓이었다는 생각이 든다. 경위야 어찌 되었건 그런 이들을 최대한 설득하고 필요하면 당당하게 정보와 자료를 요구하고 거부하면 책임을 묻는 것도 내 의무였고, 업무상 주어진 권한을 남용하지 않는 것과 해야 할 일을 위해 행사하는 것은 다르다는 것을 청와대를 나와서야 깨달았으니 말이다.

대통령 홍보를 위해 청와대와 정부의 모든 부처와 유기적으로 협력해야 하는 홍보수석실 업무 특성상 우리 실도 해외홍보와 외신 브리핑을 위해서는 청와대 안팎으로 많은 기관에 자료와 정보를 요청해야 하는데 홍보수석실 비서관들과 청와대 일부 부서, 국정홍보처(해외홍보원 포함)을 빼고는 당연히 공유해야 할 정보도 받기가 어려웠다. 초기에는 해외순방 행사 계획을 출발 일자가 임박해서야 알게 되기도 했고(알려 주는 것이 아니라) 그 후로도 대통령 대외 일정이나 순방행사를 문의하면 대외비라면서(실상은 우리 실만 모르는 대외비였지만) 거절당하곤 했고, 홍보수석실의 동료 비서관들까지 나서서 항의하고 시정을 요구하면 그제서야 최소한의 정보를 최대한 늦게 제공하는 일이 다반사였다.

그 중에서 가장 기억에 남는 것은 대통령을 회견할 매체에 대한 전문 배포가 고의로 지연된 사건이었다. 해외순방 행사에서는 방문하는 국가마다 현지 언론 매체 한 곳을 선정해 대통령 회견을 준비하는데, 대개는 현지 일정이 빠듯해 사전 서면 회견으로 진행하지만 주요 우방국을 방문하거나 중대 현안이 있으면 드물게 현지 대면 회견으로 결정되기도 하였다. 이처럼 대통령 대면 회견이 워낙 드물어 기회를 놓치면 다음 대통령이 방문할 때를 기약해야 하다 보니 현지 언론매체들의 회견 로비도 상당해서 회견할 매체를 고르기는 무척 어려웠다. 오랜 고민과 의견 수렴을 거쳐 우리 실에서 선정한 매체에 대해 다른 부서(처)에서 이견을 제기하면 관련 청와대 수석, 보좌관, 비서관들과 행정관들이 참석하는 해외순방 TF에서 논의할 수는 있으나 2년 동안 이의가 제기된 경우는 단 한 번 뿐이었다.

그런데 그 한 번이 이의제기로 끝나지 않아서 문제였다. 처음 우리 실에서 선정한 매체를 현지 공관에서 반대한다는 민원을 받고 해외홍보원과 외교안보수석실을 통해 해당 공관에 선정 이유와 기준을 합리적으로 설명했다. 그래도 공관에서 계속 고집을 꺾지 않아 홍보수석실 비서관회의에서 다시 논의했는데 바꿀 이유가 없다고 결론이 나서 해당 부처에 그렇게 통지했다. 그랬는데 TF 회의에서 다시 이의가 제기되어 TF 회의 사상 처음이자 마지막으로 외신회견 매체를 두고 논쟁이 벌어졌다. 결국 논의 끝에 대통령 외신회견 업무를 주관하는 우리 실 의견을 따르기로 되어 공식 전문까지 나갔는데 배포가 열흘이나 지연된 것이다.

전문이 없으니 회견할 매체에 공식 확인도 못하고 속을 태우던 해외홍보원에서 연락이 와서야 사태를 파악하고 경과 보고를 요구했더니 그 전문만 '실수'로 빠졌다는데 내부 보고는 달라서, 다른 매체에 공관에서 대통령 회견을 약속했다고 했다. 전문 배포를 늦추거나 누락해 회견 준비할 시간이 없으면 어쩔 수 없이 '준비된' 매체와 회견이 성사되리라고 판단했을지도 모르겠다. 어쨌든 덕분에 회견 준비하느라 보도지원실과 해외 홍보관들이 여러 배로 고생했지만 다행히 2주 남짓 준비로도 무사히 실시간 영상 회견을 마쳤다.

물론 관련 부서(처)는 다른 매체와 대통령이 회견을 하는 것이 국익에 더 도움이 된다고 판단할 수 있고 나중에 현지에서 만난 현지 공관장도 실제로 그렇게 항변했다. 고생스러운 외신회견 준비를 대신해주려는 깊은 속내가 있었을지도 모르고, 정보 제공을 거절하거나 미루는 다른 부서(처)들도 일이 많아 허덕대는 우리 실이 안쓰러워서 일을 덜어주려 배려했을지도 모르겠다. 그러나 대통령의 메시지와 이미지 관리에 대한 최종 책임을 지는 비서관이 고민하여 내린 결정은 합리적이고 중대한 사유가 없는 한 존중되어야 하지 않을까. 비서관으로서의 권한과 책임의 무게를, 내가 퇴직 후가 아니라 재직 중에 좀 더 잘 이해했다면 조금은 더 나은 비서관이 될 수 있지 않았을까 아쉬움이 있다.

1. 대통령 메시지 관리

우리 실의 첫째 업무로 대통령 (영문) 메시지 관리로 정하게 된 직접적인 계기는, 출근하자마자 외신들로부터 '균형자'에 대한 질문이 쏟아져서였다. 국내언론의 거센 비난의 영향도 있었겠지만 외신들의 반응도 부정적이었는데 내가 오기 전에 발표된 대통령 연설이라서 답변이 쉽지 않았다. 그래서 문제된 연설 전문과 대통령의 과거 연설, 국내외 언론 보도를 꼼꼼히 읽어 보니 한국이 상대적으로 주변국들에 비해 힘은 약하지만 다른 나라를 침략한 경험이 없는 나라로서 평화적 노력을 통해 동북아 균형에 기여한다는 취지였다. 그렇다면 balancer 대신 balancing facilitator로 번역했더라면 힘(무력)으로 균형을 강제하는 balancer라는 용어에 따른 불필요한 오해를 줄일 수 있었을 텐데 아쉬웠다.

그래서 대통령 영문 연설문이 어떤 과정을 거쳐 작성되는지, 개선할 점은 없는지 알아보았는데 해외홍보원의 전문 번역진이 스트레이트 번역 초안을 만들고 외교안보수석실을 비롯해 청와대 관련 비서관실이 감수해 배포하고 있었다. 대통령의 우리말 연설의 작성과 관리를 연설비서관실과 대변인실에서 맡는 것과 달리 영문 연설 작성과 관리를 우리 실이 아니라 '전문 부처'들이 하는 셈이었다.

청와대발 영문 자료의 소비자인 외신들의 평가를 들어 보니 강한 대외 메시지가 담긴 대통령 연설이 영문에서는 어조가 누그러지거나 (tone down) 뉘앙스가 조금씩 달라 신뢰할 수 없다는 불만이 있었다. 좋게 말하면 '의역'인데(언론계 용어는 '마사지'라고 친절하게 설명해 주는 기자도 있었는데) 그런 불신 때문에 주요 연설문은 자체적으로 영역하고 시급한 사안은 연합통신이나 국내 언론매체의 영문판을 인용한다는 설명이라서 최소한 3.1절, 광복절, 유엔총회 등의 주요 계기에 발표되는 대통령 영문 연설과 메시지만이라도 우리 실에서 정확하게 신속하게 관리 전달해야겠다는 생각이 들었다.

해외홍보원 번역진은 70년대 박정희 대통령 시절부터 대통령 연설문 번역을 책임져왔고 원어민도 여럿 포함되어 이들이 작성한 연설문 초안은 교양 있고 유려하고 세련된 영문이었다. 다만 행정부 전체의 영문 자료를 맡다 보니 대통령 연설에 집중할 수 없어 이해도가 떨어지는 경우가 있고 분야별 관련 비서관실도 그런 편이어서 대통령 메시지 관리 차원에서 영문 연설의 최종 감수를 우리 실이 맡겠다고 선언하였다. 다행히 대변인실과 연설비서관실이 적극적으로 찬성하고 홍보수석실 동료 비서관들도 지원을 아끼지 않아 NSC, 외교안보수석실, 정책실 산하 비서관실 등에 협조 압력(?)을 넣은 끝에 대통령의 영문 연설과 청와대발 영문 보도자료는 우리 실에서 최종 감수가 끝나야 배포한다는 원칙이 세워졌다.

그런데 그때까지 나는 대통령이 연설문을 행사 당일 새벽까지 계속 수정하는 것을 몰랐다. 즉, 국문 연설이 확정된 후에 영문을 수정하려면 밤샘이 기본이었던 것이다. 대통령 영문 연설을 처음 감수한 것이 2015년 6.25 기념행사로 기억되는데 청와대를 그만 둔 후에도 한동안 그때 꿈을 꿀 정도로 스트레스를 받았었다. 변호사 시험 합격해서 일하고 있는데 로스쿨 졸업에 1학점이 모자란 것을 뒤늦게 발견했으니 복학하라는 전화를 받거나, 군 복무 기간 계산이 잘못 되어 입대해서 모자란 한 달을 채우라는 통지서를 받는 그런 악몽 말이다. 감수하다가 잠이 들어 깨보니까 대통령 연설은 고사하고 행사가 아예 끝나버린 정도는 괜찮은 편이었고 졸다가 오타로 가득한 원고를 외신들에게 메일로 보내는 악몽도 있었다.

밤새 대통령이 계속 수정하는 연설문을 대변인실에서 보냈으니 대통령은 관저에서, 대변인실 담당관은 청와대 어디선가 밤을 새는 건 알았지만 얼마 전 강원국 연설비서관의 인터뷰 기사를 보니까 강 비서관도 밤을 샜던 것을 알게 되었다. 대통령이 이미 구술한 연설문을 전날 밤에 다시 구술하는 경우가 있어서 한번은 강 비서관이 전날 밤에 1시간 30분 정도 구술한 국회 연설을 연설문으로 정리하고 있는데 새벽 3시쯤 대통령이 "어디까지 썼냐"고 전화로 물었다고 한다.

다만 연설문으로 인한 밤샘까지만 같고 두 일화의 결말은 많이 달랐다. 강 비서관의 일화는 "3분의 2정도"라고 말씀드렸더니 대통령이 고생했다면서 "이제 그만 자고 나머지는 나한테 보내라" 하시고 두 시간 동안 대신 마무리해서 연설문을 보내는 것으로 훈훈하게 마무리되었다. 반면 연설문을 대신 마무리해주는 대통령은 없고 커피를 10잔씩 마시면서 비서관이 감수를 마치는 것이 우리 실 일화의 결말이었다.

처음에는 소등을 하지 않은 줄로 알고 한밤중에 불쑥 문을 열던 경호실 당직관도 서로 화들짝 놀라기를 몇 번 하고 나서는 빨간 글씨로 된 휴일 전날은 당연히 내가 밤샘을 하겠거니 하고 지나치곤 했다.

그렇게 밤을 새며 영문 연설문을 마무리했다고 끝이 아니었다. 처음 넘어야 하는 산은 수정한 영문을 수용할 수 없다는 해외홍보원 전문 번역진의 반대였는데 그에 비하면 잠을 줄이거나 밤샘은 오히려 쉬운 편이었다. 때로는 번역진의 의견을 수용하고 때로는 설득하다가 안되면 최종 책임은 내가 질 테니 외신들에게 배포하도록 통지하기까지, 최소한 서너 번의 수정안을 새벽 내내 메일로 주고 받았다. 지금 그때로 돌아가도 여전히 같은 방식으로 일하고 같은 결정을 내리겠지만 나 때문에 덩달아 꼬박 밤을 새우곤 하던 번역진에게는 항상 미안했다.

해외홍보원을 설득해 확정한 영문 초안을 청와대 내에 대외비로 배포하고 나면 사안별에 따라 외교안보수석실, NSC, 정책분야별 담당 비서실과의 밀당이 기다리고 있었다. 특히 업무상 우리 실과 가장 밀접한 외교안보수석실은 대통령의 국문 연설이 있으니 영문은 외교 관례상 부드러운 표현이 바람직하다거나 굳이 영문을 국문처럼 강하게 써서 우방(즉, 미국)과의 관계를 불편하게 만들 이유가 없다면서 다양한 이유로 영문 연설을 '온건하게' 다듬은 수정안을 주장하였다. 물론 완벽하게 똑 같은 번역이란 없어서 때로는 의역이 필요하다는 것은 번역의 대원칙이다. 특히 대통령 연설은 문장이 길고 압축적 표현이 많아서 번역 과정에서 원문의 뜻을 손상하지 않는 한에서 적절히 문장을 끊어서 나누고 외국 독자의 이해를 돕기 위한 최소한의 풀어쓰기가 필요했다.

그러나 대통령이 연설에 사용하는 용어와 표현은 국정 철학을 반영하는데 영문이라고 하여 참모가 온건하거나 과격하다는 주관적인 잣대로 대통령의 연설을 '다듬는' 것은 아무리 좋은 의도라도 동의할 수 없었다. 대통령의 메시지를 마음대로 고치는 것과 본질적으로 다르지 않기 때문이다. 대통령의 연설이 국익에 해가 된다면 대통령에게 간언하여 연설 자체를 고쳐야지, 국문은 그대로 두고 영문만 고치는 것은 정직하지 못한 일이었다.

박근혜 전 대통령의 연설문을 최순실이 수정한 것도 처음에는 그렇게 시작되었는지도 모른다. 나라를 위해 좋은 뜻으로 한 일인데 무엇이 잘못되었느냐고 항변하는 최순실과 박 전 대통령의 모습은 그 래서 나에게 묘한 기시감을 준다. 이들에게서 10여 년 전에 비서관이 그렇게 할 일이 없냐, 얼마나 한가하면 영문 번역 수정이나 하고 있느 냐고 비아냥거리며 영문 연설에 손대려던 사람들의 모습을 본다.

이런 과정을 거치고 나면 행사에 앞서 엠바고를 걸고 국문 연설을 배포해야 하는 오전 8시가 코 앞이었다. 대통령 영문 메시지 관리를 위해 우리 실이 세운 또 하나의 원칙은 가능한 대통령 행사 시작 전 (대개는 2시간) 엠바고를 걸고 국문을 배포할 때 외신기자클럽과 주 요 외국 통신사에 영문 연설을 동시 배포하거나 혹시 늦어지더라도 최소한 행사가 시작될 때까지 배포한다는 것이었다.

연설문은 싱싱한 생선과 같아서 대통령 행사가 지나고 나면 급격 히 뉴스 가치가 떨어지고, 며칠 뒤에 배포되는 영문 연설은 최고의 번 역이라도 아무도 거들떠보지 않기 때문이다. 그리고 급히 번역하거 나 국내 언론의 영문판을 인용하면서 대통령의 메시지가 왜곡되어 전 세계에 퍼질 위험도 줄일 수 있다.

대통령의 메시지 중에서 가장 기억에 남는 것은 2006년 4월 25일 발표된, "국민 여러분. 독도는 우리 땅입니다"로 시작되는 한일 관계 에 대한 특별 담화문이다. 졸다 깨다 하면서 연설문 최종안을 기다리

다가 "지금 일본이 독도에 대한 권리를 주장하는 것은 제국주의 침략전쟁에 의한 점령지 권리, 나아가서는 과거 식민지 영토권을 주장하는 것입니다. 이것은 한국의 완전한 해방과 독립을 부정하는 행위입니다. 우리 국민에게 독도는 주권회복의 상징입니다"라는 메시지 부분에서 잠이 번쩍 깨었다. 지금까지 대통령의 독도에 대한 발언 중에서 가장 강력한 메시지기도 했지만 지난 100년간의 한일관계의 역사, 그리고 그 안에서 독도가 갖는 상징성을 몇 개 안 되는 문장으로 강렬하게 보여주었기 때문이었다.

감동이 큰 만큼 어떻게 이 메시지를 영어로 전달할까, 도대체 영어 표현이 가능하기는 할까 하는 생각으로 막막해서 컴퓨터 부분 조명을 빼고 모든 불이 꺼진 캄캄한 사무실에서 열 번 넘게 이 부분을 고쳐 쓰다가 화면의 깜박이는 커서를 우두커니 바라보던 기억이 난다.

2. 외신 취재와 홍보? 공포의 티타임

잘 알려진 대로 참여정부 기간 내내 청와대와 국내언론은 긴장 관계가 지속되어 외신 역시 참여정부에 썩 호의적인 편은 아니었다. 더구나 언론 경력이 없는 비서관이라 외신들이 호의적인 반응을 보일 턱이 없어 외신의 신뢰를 얻으려면 내가 먼저 다가가고 노력해야 했다.

그래서 제일 먼저 외신들에게 주 7일, 24시간 언제든지 외신 취재에 응하겠고 무엇이든 물어보면 아는 한에서 최대한 성실하게 답변하고 모르는 사안은(초기에는 거의 전부였지만) 가능한 신속하게 확인해서 답변하겠다고 약속했다. 대통령 비서관이 그렇게 만만하게 보여서는 안된다고 반대하는 이들도 있었지만 외신 취재와 브리핑 활성화는 우리의 노력만으로 되는 것이 아니라 외신이 호응해야 가능하기 때문이었다.

그래서 언젠가 북한의 미사일 발사 직후 당연하게 새벽 5시에 외신기자가 전화했을 때 정말 반가웠다. 기자가 "친절하게 취재에 응해 줘서 고맙다"며 전화를 끊을 때는 "내가 더 감사하다"고 했다. 다만 나도 상황 파악을 못한 상태라 대부분 질문은 답변이 불가능해서 그때부터 청와대 수석과 비서관 중에서 업무상 깨어 있을 사람들에게 모두 전화를 했다. 덕분에 20분 후에는 그 기자에게 '외신대변인에게 확인한 청와대 공식 입장'을 전달할 수 있었다.

물론 적극적이고 친절하게 취재에 응한다고 모든 외신 보도가 참여정부에 호의적으로 바뀔 리는 없는 일이고 그러리라는 기대도 하지 않았다. 청와대 취재가 원활해지고 기자와 친구가 되어 퇴근 후

가끔 막걸리나 와인을 같이 한다고 기사의 논조가 바뀌는 외신이라면 나부터도 별로 가까이 지내고 싶지 않았다. 다만 청와대가 먼저 충분하고 공평한 취재 기회와 자료를 제공해야 언론이 사실 관계를 틀리거나 왜곡 보도해도 정당한 이의 제기가 어렵다는 취재 원칙은 내외신이 다를 수가 없었다. 참여정부 들어서면서 이미 춘추관이 외신 기자들에게도 개방되고 대변인에 대한 자유로운 취재가 허용된 상태였다.

이렇게 취재 기회와 필요한 자료를 제공해도 외신 보도에서 사실 관계에 오류가 발생하면 사안에 따라 고의성이 없고 가벼운 사안이면 우리 실 행정관이 해당 기자에게 전화로 사실을 설명하고 정정을 요청하였다. 반면 고의적인 왜곡으로 중요한 사안이라고 판단되면 관련 자료를 보내고 공식적으로 이의를 제기하고 왜곡보도 시정을 촉구하였는데 대개의 외신들은 합리적인 이의제기라면수용하는 편이었다.

그런데 드물지만 반복적이고 악의적인 왜곡 보도를 하는 외신도 없지는 않아서, 그런 경우는 지국장이나 선임 기자에게 직접 전화를 걸어 차를 같이 하기를 청했다. 왜 보자고 하는지 상대방은 충분히 짐작하고 있으니 2시간 가까이 주요 국정 현안을 설명하고 질문에 답변하면서도 왜곡 보도 문제를 전혀 언급하지 않으면 제 발이 저린(?)

지국장이 먼저 그 문제를 꺼내곤 했다. 정중하게 자사 보도에 대해 "의논하고 싶은 점이 있느냐"는(어디가 마음에 안 드는지 직설적으로 묻는 분도 있었지만) 질문을 받으면 "왜곡 보도에 대한 항의나 불만 대신 우리 실은 언제든지 취재를 환영하고 성실하게 취재에 협조할 테니 자주 연락해 주시면 고맙겠다"고 답변했다.

지국장이 먼저 얘기를 꺼내지 않아 다른 얘기만 하다가 면담을 끝내도 왜곡 보도가 지속되는 경우는 드물었다. 차 한 잔으로 해당 외신의 논조가 참여정부나 대통령에 우호적으로 바뀔 수는 없지만 왜곡보도의 시정 효과 면에서는 춘추관 출입금지나 취재 거부보다 훨씬 효과적이었다.

나중에 들으니 차라도 하자는 초청을 받은 외신기자들이 이 면담을 '공포의 티타임'이라고 불렀다고 한다. 이렇게 부르니 으스스하게 들리지만 2년 동안 티타임에 초청한 지국장이나 선임기자는 5명 정도였던 것으로 기억한다. 같은 지국장을 한 번 이상 티타임에 초청한 경우는 단 한 번이었는데 그 후로 좋은 친구가 되었고 10년이 넘은 지금도 연락하고 지내고 있다.

사실 잘 알려지지는 않았지만 외신들에 대한 춘추관 개방은 참여정부 청와대의 중요한 외신 관련 업적이었다. 춘추관에서 열리는 대변인 일일브리핑과 대통령, 장관, 수석들의 기자회견에서 외신기자들이 연두회견 현장에서 기사를 송고하고, 외신 지국장이 대통령 해외순방 전세기에 유일한 외국인으로 동행했던 일도 있다.

얼마 전 참여정부 시절 파이낸셜타임스 특파원을 지냈고 지금은 워싱턴포스트 도쿄 지국장인 안나 파이필드 기자가 박 전 대통령의 기자회견을 두고 "한때 도날드 커크(기자)는 노무현 전 대통령에게 즉흥적인 질문을 할 수 있었다. 진짜 기자회견에서의 진짜 기자처럼 말이다. 마법이다"라고 트위터에 올린 글이 인터넷에서 노무현과 박근혜의 청와대가 어떻게 다른지 단적으로 보여준다고 화제가 된 적이 있다.

그런데 파이필드 지국장이 트위터에 올린 글 중에는 대통령 기자회견이나 미국 방문 등 주요 행사를 사전에 워싱턴포스트에도 통지해 달라고 청와대에 요청했지만 아무 답이 없었다는 것도 있었다.

지금도 그렇겠지만 워싱턴포스트와 뉴욕타임즈처럼 도쿄 지국에서 한국을 커버하는 주요 외신들은 대개 서울외신기자클럽(SFCC)에 회원으로 가입되어 있어 해외홍보원을 통해 외신기자클럽에 배포되는 청와대 영문자료와 공지를 받아볼 수 있다. 그렇지만 그것만으로 충분한 취재 기회를 보장하기가 어려우므로 대통령 회견 등 주요 행사가 있으면 우리 실에서는 해외홍보원 외신기자클럽 공지와 별도로 이메일로 도쿄 지국장들에게 직접 공지하였다.

2005년에 APEC 정상회의를 계기로 대통령 취임 후 처음으로 상주 외신들만을 상대로 개최한 간담회에서 워싱턴포스트 도쿄 지국장이 대통령과 함께 헤드 테이블에 앉게 된 것은 다양한 해외 외신홍보 노력의 결과였다. 뉴욕타임즈 도쿄지국장도 함께 초청했지만 일정이 겹쳐 참석하지 못했던 것으로 기억한다.

3. 해외 순방행사

해외순방 행사에서는 단기간에 엄청난 양으로 쏟아지는 대통령(영문) 메시지를 관리하고 외신 취재 및 브리핑을 소화해야 한다. 비유를 하자면 100미터 달리기에 필요한 스피드와 폭발력으로 1,000미터 장거리 달리기를 하는 것과 같다. 평소에 조용하고 존재감 없는 우리 실이 짧게는 며칠, 길게는 2주까지 각광을 받는 기회기도 했다. 해외순방 계획이 수립되고 방문 국가마다 순방 주제가 정해지면 우리 실에서는 해외홍보원과 함께 해외홍보와 대통령 홍보계획을 작성하고 사전 서면회견과 현장 대면회견으로 나누어 대통령 언론회견 계획을 수립하고 순방행사 TF 회의에 참석하였다.

회견을 맡을 현지 언론 선정은 항상 고민스러운 일이라서 가끔 국영 매체 하나 밖에 없는 나라였으면 할 때가 있었다. 아마도 독재국가이고 언론자유 지수도 바닥이겠지만 고민을 안 해도 되니까. 하지만 실제로는 그런 곳이 거의 없어서 해외 홍보관들이 영향력이 크고 평판이 좋은 매체를 복수로 건의하면 그중에서 이전 정부를 포함해 과거에 대통령이 회견을 한 적이 없거나 회견한 지 오래된 언론사를 우선해 선정하였다.

특히 주요 우방국인 미국, 중국, 일본 등은 유력한 매체가 여러 곳이고 매체의 정치적 지향이 분명한 편이라서 대통령 회견 기회의 공평한 배분, 대통령 메시지의 효율적 전달, 그리고 순방행사의 효과 극대화(내지는 비난/비판 최소화) 등의 여러 변수를 조합해 최종 매체가 결정되었다. 물론 이런 모든 조건이 최적이라도 대통령의 정치 철학과 너무나 다르거나 한국에 적대적인 매체라면 회견 요청을 거절해야 했겠지만 다행히도 우리 실과 해외홍보원을 시험에 들게 하는 매체는 없었다.

순방계획이 공표되면 먼저 주요 통신사와 방문국 언론의 서울 특파원들을 만나 순방의 의의와 정상회담 의제를 설명하고, 현지의 한국 관련 현안이나 대통령에게서 기대하는 메시지에 대한 의견을 청취해 관련 비서관실과 해외홍보관들과 공유하였다. 방문국 외에도 중국, 미국, 일본 등 한국과 밀접한 관계가 있는 나라와 방문국과 인접한 나라의 언론들도 시간이 허용하는 한 만나 보면 도움이 되었다.

순방행사를 일주일 정도 앞두고 보도지원비서관실에서 방문하는 국가별로 현지에서 사용할 업무용 핸드폰 번호를 알려주면 청와대에 등록된 외신들에게 공지하고 방문할 국가의 외신에도 알려 줄 것을 부탁했다. 그러다 보니 순방행사 중에는 국내의 상주 외신, 현지의 상주 외신, 현지 언론, 인접 지역의 통신사들이 동시에 전화를 하는 경우도 있었는데 대개는 질문이 비슷해서 핸드폰 2대(현지에서 지급된 것과 로밍 중인 청와대 업무전화)를 동시에 들고 같은 답변을 한 적도 있다.

대개는 짧게 통화가 끝나지만 최장시간 통화기록은 아마도 아부다비에서 출발한 지 얼마 되지 않은 때부터 두바이에 도착할 때까지, 취재가 아니라 거의 전화 인터뷰를 했던 AP 통신 기자였다. 정확한 시간은 재보지 않았는데 배터리가 거의 떨어질 정도였으니 최소한 1시간은 되었을 것이다. 처음에는 "선배, 그렇게 버스에서까지 통화하면서 티 내지 않아도 열심히 일하는 거 다 알아요"라고 놀리던 옆자리의 출입기자는 통화가 20분을 넘어 가니까 아예 입을 다물었다. 로밍 중인 청와대 전화인지 현지에서 지급된 이동전화인지 기억은 없지만 어느 쪽이건 통화 요금이 만만치 않게 나왔을 것이다.

순방 행사 중에 가장 중요한 업무도 국내에서와 마찬가지로 외신 대응과 대통령 메시지 관리였다. 다만 국내에 있을 때는 외신기자들이 대부분 한국인이거나 우리말이 가능해서 급할 때는 대변인실로 전화를 돌릴 수도 있지만 순방행사 때는 대변인이 거의 24시간 대통령을 수행하고 외신기자들도 우리말을 못하니 꿈도 못 꿀 일이었다.

그런데 대변인, 연설비서관, 보도지원비서관, 각 실 행정관들이 대기하는 청홍보 CP나 기자실로 걸려 오는 외국어 전화는 외국어가 되는 홍보관들이 기자단을 인솔해 현장에 나가 있다 보니 모두 나에게 돌려서 가끔은 전화 교환수를 하기도 했다.

핸드폰이 아니라 유선전화로 걸려오는 외국어 전화는 대개는 외신기자가 아니었는데 전화를 받았는데 영어가 아닌 현지어로 얘기하는 경우가 제일 난감했다. 그럴 때는 일단 영어로 답을 하고 상대방이 못 알아 들으면 아마도 외신기자가 아닐 거라고 믿고 조용히 전화기를 내려 놓았다.

순방행사의 경우 취재하는 외신은 국내 상주 외신 더하기 현지 언론과 상주 외신이라 평소의 두세 배이고, 국내에서는 한 달에 많아야 1-2건이던 대통령 영문 연설 감수가 매일 4-5건인데다 하루 10건이 넘는 영문 보도자료를 감수하다 보면 청홍보 CP에서 24시간을 보내기도 했다. 다른 비서관실도 시간에 쫓기는 사정은 별반 다르지 않아서 다들 청홍보 CP 책상에 앉아 잠깐씩 눈을 붙이다 보니 순방행사 이틀만 지나면 자면서 누가 코를 골고 이를 가는지 자연히 알게 되었는데 2년 동안의 순방행사에서 숙소에 머문 최단 시간 기록은 30분 정도였다.

외신 대응만큼 순방행사에서 중요한 업무는 매일 새벽 6시까지 대통령께 제출하는 현지 언론보도 보고서였다. 대통령, 순방행사, 한국 관련 보도로 나누어 분야별로 반쪽 정도로 보도 경향을 요약 평가한 뒤 주요 기사 요약과 기사 원문을 첨부하는 방식이었다.

그런데 새벽에 보고서를 제출하려면 홍보관들과 현지 번역 인력은 기사 요약하느라 꼬박 밤을 새기 일쑤였고, 그 옆에서 보고서 작성하고, 현지 영문매체 보도를 추가 점검하고, 기사 요약 감수하다 보면 나도 함께 밤을 새곤 했다.

게다가 마감시간 때문에 석간보다는 조간에 순방행사에 대한 보도 분량이 많은데 신문은 6시가 넘어서 배달되고 인터넷판이 없거나 있어도 인터넷 사정이 열악해서 새벽 4-5시에 홍보관들이 배급소나 가판을 돌며 신문을 사야 하는 경우도 있다 보니 보고서 제출은 항상 6시를 맞추기가 빠듯했다. 방문하는 국가가 영어권이 아니면 나처럼 순방행사에 동행한 국내기자들도 까막눈이라서 대통령 보고를 마치고 나면 기자들이 기자실로 출근(?)하는 시간에 맞춰 현지언론 기사를 요약한 내용을 출입기자단에 서비스하기도 했다.

(1) 해외순방 일화 - 관심 비서관

순방행사 중에 외신취재에 얽힌 사건 중 가장 기억에 남는 것은 비서관으로 참석한 첫 해외순방행사에서 경호실의 '관심 비서관' 이 되어 그 후로 지극한 보살핌(?)을 받았던 일이다.

베를린 행사를 마치고 전세기로 프랑크푸르트로 이동하기 위해 행사장에서 비행장으로 출발하는 기자단 버스를 타지 못해 하마터면 전세기를 놓치고 미아가 될 뻔했기 때문인데 역시 전화가 문제였다.

당시 외신 기자들의 주요 관심사가 대통령의 대북/통일 정책이라서 베를린에서 독일 통일에 대해 대통령이 어떤 메시지를 발표할지 관심들이 많았는데 대통령 기자 회견 후 질의 응답이 시작될 무렵 서울에 있는 외신기자가 전화를 걸었고 주위가 시끄러워 말 소리가 들리지 않아서 조용한 곳을 찾다 보니 회견장에서 좀 떨어진 대형 조형물 뒤의 공터까지 가게 되었다.

20분쯤 회견 취지를 설명하고 기자의 질문에 대답하다가 문득 주위가 조용해진 것을 깨닫고 부랴부랴 전화를 끊고 회견장으로 나왔더니 아무도 없던 그 때의 황망함이란…. 순방행사 중에는 일반 관광객과 구별해 단체로 출입국 수속을 하느라 청와대 대변인팀과 출입기자단 여권은 단체로 관리하니 여권도 없고 짐은 당일 아침에 전세기에 미리 실었으니 귀국은 고사하고 프랑크푸르트 갈 일도 막막했다.

여기 저기 뛰어 다니다가 다행히 행사장 정리를 맡은 경호원들을 만나서 사정을 설명했더니 나보다 더 황당한 얼굴이었다. 비서관이 전세기를 놓치게 된 것도 그렇고 행사 차량이 비서관을 빼놓고 출발한 것이나 듣도 보도 못한 일이라면서 여기 저기 전화를 돌리더니 마침 경호실 차량 한 대가 여유가 있으니 공항까지 데려다 주겠다고 했다.

그런데 문제는 현지 경찰이 공항으로 이동하는 행사차량 행렬을 위해 일반 차량의 고속도로 진입로를 막고 있는데 당연히 경호실 차량이라도 통제 대상이었다. 다른 길로 피해가려고 했더니 퇴근시간 인데다 고속도로 통제에 따른 풍선 효과로 모든 길이 차들로 뒤덮여 있어 20분 이상 먼저 출발한 기자단 버스를 따라 잡기는 불가능해 보였다.

결론은 이미 눈치챘겠지만 경호실 차량은 전세기까지 제 시간에 도착했고 전세기에 타자 마자 경호실 요원에게 야단은 맞았지만 나도 무사히 첫 순방행사를 마쳤다. 그런데 나를 야단친 경호관은 나중에 사정을 전해 들은 김현 보도지원비서관에게, 다른 것도 아니고 일하다가 행사 차량을 놓칠 수도 있는데 그런 일로 비서관을 혼냈다고 야단을 맞았다. 쫄지 말고 할 일은 과감하게 하라던 김현의 격려가 그 후의 수 많은 순방행사에서 많은 힘이 되었다.

어쨌든 독일에서의 이 사고로 경호실에서는 나를 '관심 비서관'으로 분류하고 순방행사에서 차량으로 이동할 일이 있으면 내가 탔는지를 특별히 챙겼다는 후문이다.

(2) 해외순방 일화 - 이브닝 드레스

해외 순방행사에서는 비서관으로 공식 참석하는 현지 행사 중에는 정상회담 기자회견 등 언론 관련 행사도 있지만 공식 오찬과 만찬도 있는데 한국 측 공식 수행원으로 참석하게 되므로 드레스 코드를 준수해야 한다. 그런데 대부분의 만찬 행사는 드레스 코드가 남성은 턱시도, 여성은 이브닝드레스로 되어 있어 외교관들을 제외하고는 턱시도가 없는 대부분의 수행원들은 청와대가 정한 업체에서 턱시도를 순방기간 동안 대여하곤 했다.

경호상 이유로 대통령이 참석하는 국빈만찬의 참석자 명단은 최소한 3-4주 전에 확정되므로 비서관이 된 지 2주 밖에 안 된 내 경우는 독일/터키 순방행사에서는 교민 간담회와 같은 일정을 빼고는 상대국에서 주최하는 만찬 행사 등에 참석할 일이 없었다.

그래서 드레스코드가 이브닝드레스로 되어 있는 첫 순방행사 일정인 2005년 8월 뉴욕 코리아소사이어티 만찬 행사를 앞두고 "턱시도와 이브닝드레스는 1주일 전에 연락하라"고 되어 있는 친절한 행사 안내장에 따라 출발하기 1주일 전에 대여 업체에 전화를 걸었더니 턱시도 찾는 사람은 있어도 이브닝드레스 찾는 사람은 처음이라며 대여할 드레스가 없다는 것이다.

그렇다면 설마 지금까지 국빈만찬 공식 수행원 중에 여성이 없었다는? 여기 저기 확인해 봤더니 반은 맞고 반은 틀렸다. 한 달 전엔가 다른 순방행사에 참석한 조기숙 홍보수석이 공식 수행원으로는 최초의 여성인데 순방행사 수행이 갑자기 결정되어 드레스코드 통지를 너무 늦게 받아서 만찬에 평상복으로 참석했다는 것이다.

지금이야 약혼식 등 중요한 행사에 이브닝드레스를 입는 사람도 있고 대여점도 여러 군데 있지만 2005년도에는 대여점을 찾기가 어려웠다. 일단 코리아소사이어티의 이브닝드레스 정의를 확인하니 '발목을 덮는 길이의 스커트'라고 되어 있어 미국에서 귀국할 때 아는 디자이너가 선물로 준 칵테일 드레스를 찾아 보니 무릎 길이라서 활용 계획을 일단 포기하고 백화점 이브닝드레스 코너를 찾아 대여가 가능한지 물어 보았다. 단호하게 안 된다고 하길래 가격표를 보니 공제금액을 빼고 내가 받는 비서관 월급 한 달치였다.

결국 우여곡절 끝에 이태원에서 사흘만에 가봉하고 5일만에 찾는 조건으로 최대한 수수한 검정 공단 드레스를 턱시도 대여료의 몇 배값을 내고 맞추었다. 공식 수행원이니 상대국의 드레스 코드 때문에 이브닝드레스는 입겠지만 일하는 여성과는 어울리지 않는다고 투덜거리면서.

그렇게 생전 처음 이브닝드레스를 맞춰 입고 떠난 세 번째 순방행사에서 코스타리카 공보수석은 이브닝드레스와 일하는 여성이 멋지게 어울릴 수도 있음을 보여 주었다. 두 시간 전까지 양복 정장을 입고 있던 은발의 우아하고 카리스마 있는 여성 수석이 그 사이 이브닝드레스로 갈아 입고 국빈만찬 행사의 사회를 보는데 스팽글로 덮인 블링블링한 비둘기색 원피스 이브닝드레스는 노출이 전혀 없지만 몸매의 굴곡이 그대로 드러나는 옷이었다. 그런 옷은 당연히 완벽한 바비인형 몸매를 가진 2,30십대만 입을 수 있다고 생각했던 내 머리를 죽비로 내려치는 것 같았다. 할머니가 다 된 나이에 완벽한(!) 몸매가 아니라도 당당하고 자신 있게 입고 있는 이브닝드레스는 일하는 여성의 아름다운 갑옷이었다.

미래의 대통령비서실에는 코스타리카 공보수석처럼 이브닝드레스가 기막히게 잘 어울리고 당당한 일하는 여성 비서관들과 수석 보좌관들을 더 많이, 더 자주 볼 수 있기를 희망한다.

맺음말

좋은 대변인의 조건이 무엇인지는 다들 생각이 다르겠지만 대변하는 메시지의 진정성과 무게가 없다면 아무리 유능한 사람이라도 좋은 대변인이 되기는 어렵다. 전달하는 대통령의 메시지가 거짓이면 대변인도 거짓을 전달하는 사람이 될 수 밖에 없기 때문이다. 이미 우리는 지난 4년간 대통령의 거짓말을 전하며 함께 거짓말쟁이가 되어 버린 대변인들을 신물 나게 보아 왔다(물론 개중에는 대통령과 상관 없이 스스로 거짓말쟁이가 된 사람도 있지만).

『대통령의 글쓰기』의 저자인 강원국 전 연설비서관은 한 인터뷰에서 김대중 노무현 두 대통령의 글에서 오는 감동은 기교가 아니라 삶의 진정성에서 나온다고 설명한 적이 있다. 대단한 식견과 글 재주가 빼어난 사람은 대통령의 글이 아니라 자기 글을 쓰게 되므로 '철저하게 대통령의 생각과 말에 글을 맞추는 사람' 이 좋은 연설비서관이라는 강 비서관의 정의는 좋은 대변인에게도 필요한 덕목일 것이다.

반면, 대변하는 대통령의 메시지에 무게가 없어 알맹이 없는 부실한 메시지를 전달해야 하면 대변인 역시 좋은 대변인이 되기는 어렵다. 대통령의 자질을 국정 철학과 리더쉽이 아니라 '통역 없이 외국

지도자와 (영어로) 대화할 수 있는' 능력으로 판단하는 것이 터무니 없는 이유이다.

대통령에게 필요한 능력은 외국 지도자들에 한국의 입장을 설명하고 설득해 최대한 합의를 이끌어내는 것인데 모국어보다 표현력도 떨어지고 어휘도 부족한 외국어로 대화할 필요가 있을까?

물론 의례적인 인사 정도를 외국 지도자와 그 나라 언어로 나눌 수 있는 정도라면 나쁘지 않다. 그러나 우리는 중국어 인사는 잘 하면서 한-중 관계를 최악으로 몰고 가 서울과 제주 거리에서 중국인 관광객들을 하루 아침에 사라지게 한 지도자를 이미 보지 않았던가.

그래도 메시지를 전달하는 도구에 불과한 영어를 잘하는 것이 지도자의 목적이고 영어 대화 능력이 대통령의 중요한 자격이라고 생각한다면 1992년 미국 대통령 선거에서 클린턴 후보 진영이 현직의 (아버지) 부시 대통령에게 썼던 표어를 빌어 "문제는 컨텐츠야, 바보야 (It's the contents, Stupid)"를 들려주고 싶다.

청와대에서 일한 2년 동안 나에게 최고의 날은 대통령께서 외신 보도가 사실에 충실하다고 말씀하셨다는 얘기를 전해 들은 날이었고, 지금까지 내가 들었던 최고의 칭찬은 "대통령이 영어로 연설한다면 아마 우리 실에서 만든 연설문처럼 했을 것" 이라는 후배 비서관의 평이었다. 내가 뛰어난 (외신)대변인은 못 되었지만 그나마 실패한 해외언론비서관은 아니었다면 철저하게 대통령의 생각과 말에 맞추어 대통령의 메시지에 담긴 진정성과 무게를 성실하게 전달하려 노력했던 때문이었을 것이다.

그래서 혹시라도 지금은 폐지된 해외언론비서관실이 부활한다면 해외언론비서관 자격은 '대통령의 메시지를 성실하고 충실하게 관리하고 외신에 브리핑할 수 있는 영어 능통자'로 바뀌었으면 좋겠다.

김은경

대구 페놀 사태를 겪고 시민운동에 참여해 여성단체 후보로 구의원 활동을 시작했으며, 서울시의원을 거쳐 대통령비서실 민원제안비서관, 지속가능발전 비서관 겸 대통령자문지속가능발전위원회 기획운영실장 역임. 대학에서 경영학을 전공하고 지속가능발전을 주제로 행정학 석사와 경영학 박사를 받았다. 현재는 지속가능성센터 지우 대표로 있다.

노혜경

1958년 부산 출생. 1991년 『현대시사상』 신인상으로 등단.

시집 『새였던 것을 기억하는 새』, 『뜯어먹기 좋은 빵』, 『캣츠아이』, 『말하라, 어두워지기 전에』, 에세이집 『천천히 또박또박 그러나 악랄하게』가 있다.

성차별적 문단권력에 맞서 여성 시운동을 하다가 언론개혁운동으로, 다시 정치운동으로 이어지는 경로를 밟아, 노사모를 만드는 일에 참여하고 개혁당을 거쳐 열린우리당 후보로 부산에서 17대 총선에 출마했다. 청와대 국정홍보비서관으로 발탁되어 일하다가, 노사모 대표일꾼이 되었다. 〈노무현라디오〉에서 출발한 〈라디오21〉의 진행자로 2008년 촛불집회를 중계했다. 북한대학원에서 북한문학으로 박사학위를 받고, 시간강사로 북한문화를 가르치고 있다.

민기영

컴퓨터공학과 기술정책을 전공하였고, 민주당에서 정당사상 최초로 국민경선 전자투개표 업무를 총괄하고, 온라인 선거캠페인 업무를 담당하였다. 참여정부에서는 이지원을 통한 일하는 방식 혁신 업무를 담당하다, 참여정부가 끝나고 민컨설팅이라는 회사를 창업하여 활동하였다. 이때 포스코와 인연이 되어 포스코ICT 이사보로 입사하여 기업문화혁신추진단에서 일하다, 포스코경영연구소 상무보로 자리를 옮겨 포스코그룹 임직원의 정보경쟁력 향상을 위한 글로벌 정보 서비스 업무를 총괄하였다. 현재는 ㈜씨플랫폼서비스라는 컨설팅회사를 창업하여 대표로 일하고 있다.

선미라

영문학을 전공해 미국 여성문학으로 박사학위를 받았고 공군사관학교 교수, 주한 미국공보원 상임고문, 숙명여대 겸직 교수를 거쳐 마흔 살에 두 번째 미국 유학을 떠나 로스쿨 졸업 후 뉴욕에서 변호사로 일했다. 귀국 후 참여정부 해외언론비서관, 국제교류재단 이사를 역임하고 현재는 법무법인 한결 미국변호사로 일하며 한국인권재단 이사장을 맡고 있다.

이숙진

광주에서 태어났고, 서울에서 신문방송학, 여성학(여성노동 전공)을 공부했다. 이대학보사 기자로 일하면서 여성문제 현장을 보았고, 이후 여성노동으로 박사학위를 받았다. 인천발전연구원, 참여정부 대통령비서실, 한국보건복지인력개발원, 서울시 여성가족재단 등을 거쳐 현재 한국여성재단에서 일하고 있다.

성평등정책, 여성노동, 차별금지에 관한 글을 쓰며, 『글로벌 자본과 로컬여성』, 『이주여성을 말하다』(공저), 『여성복지론: 복지, 여성주의와 만나다』(공저), 『여성, 날개를 달다』 등의 저서와 「임신차별금지의 포괄성과 실효성」, 「차별금지의 법제화 과정과 입법운동의 동학」, 「차별금지 관련 법률의 부정합성」 등의 출판 논문이 있다.

정영애

여성학을 전공하여 여성주의 복지, 돌봄 노동, 일가족 양립정책 등에 관심을 가지고, 강의와 연구를 해왔다. 한국여성학회장, 한국여성민우회 이사 등 오랫동안 여성학계와 여성운동계에 관여해 왔으며, 참여정부에서는 대통령직 인수위원회 인수위원, 균형인사비서관, 인사수석비서관을 역임하였다. 현재 서울사이버대학교 부총장, 노무현재단 이사로 일하고 있다.

조현옥

1956년 서울에서 태어나 이화여대에서 정치학을 전공하였고 독일 하이델베르크 대학에서 정치학 박사학위를 받았다. 재학시절엔 이대학보사 기자로 활동하였으며 대학원 졸업 후 한국여성개발원의 연구원으로 재직하였다. 독일 유학 후 대학에서 정치학과 여성학을 강의하였으며 여성단체의 대표로 열심히 여성운동에 참여하였다. 또 참여정부의 균형인사비서관, 서울시의 여성가족정책실장을 역임하며 연구와 운동에서 쌓은 성과를 정책에 반영시키려 노력하였다. 현재는 이화여대 정책과학대학원에서 그동안의 경험을 바탕으로 학생들을 가르치고 있다.